# Guía sexual para el placer

-Como mejorar el rendimiento
y disfrutar sin prejuicios-

## Henry Maxwell

Ediciones Afrodita

# Contenido

# Capítulo 1
# La vida sexual

"El sexo sin amor es una experiencia vacía. Pero como experiencia vacía es una de las mejores" – Woody Allen

Seguro que te ha pasado o lo has oído de tus amigos "No todos somos iguales... pero buscamos cosas parecidas" Y si se trata de satisfacer nuestra intimidad entre las sábanas, todos queremos gozar, y que nuestro acompañante logre placer. Parece simple, la naturaleza nos ha programado para que realicemos el acto sexual sin complicaciones, lo más sencillo posible... pero nuestro costado social insiste en complicar todo el asunto, y así surge la vergüenza, las frustraciones, los miedos, y casi siempre a causa de mismo detonante... el desconocimiento.

Acaso, ¿no es agradable mirar a una persona que exuda confianza sexual? Con este enfoque abordaremos este libro, para aclarar conceptos que a veces nos llegan como mitos que son difíciles de alcanzar y que nos muestran como impotentes al no poder repetir las escenas irreales de una película porno. Conocer los secretos de una vida sexual sana hace que sepamos que todos podemos ser el ideal sexual de alguien más.

**Aclarando conceptos:**

1. Aquellos que se sienten satisfechos sexualmente en la cama y recurren regularmente a este método para mantener la felicidad y el nivel de vida rara vez

experimentan desagrado por su cuerpo. La verdad es que ni una figura perfectamente esculpida, bíceps o un busto espectacular hacen del buen sexo, ¿verdad? Y así lo demuestra un estudio de la Universidad de Texas, que concluye que aquellas mujeres que tienen la valoración más alta por su cuerpo (sin importar si tienen algunos kilos de más), son las que se sienten sexualmente satisfechas en mayor grado.

Esta tesis tiene una conexión lógica: cuando nos enfocamos en el tamaño de nuestro abdomen, por ejemplo, nos reprimimos y no damos paso a las sensaciones que nos trae el sexo en su juego y acto. Además, tiene que ver con las secreciones sexuales y la capacidad de experimentar el orgasmo.

¿Qué podemos hacer si nos molestan nuestras grandes barrigas? El consejo es cambiar a una dieta más saludable o aumentar la actividad física. Créame, ¡los deportes regulares hacen maravillas para el cuerpo y la figura en poco tiempo!

Entonces, acepta que no podemos ser perfectos, aunque miles de imágenes en las pantallas nos inunden de perfeccionismo - ¡por favor, sabemos que no es real!

Empieza a escuchar más a tu corazón - si late por amor, ¡qué importa el tamaño aquí y allá!


2. Conoces personas que te impresionan por la confianza en sí mismos y por la facilidad en que entablan lindas conversaciones, sin tonos caprichosos o desagradables. Aceptan las críticas y se esfuerzan por agradar al otro. Bueno, ¡estas personas obviamente

disfrutan de una vida sexual satisfactoria y son envidiables!

Trata de aplicar esta regla primero a tu relación íntima. Comienza a preguntarle a tu pareja, comparte tus sentimientos y deseos en la cama. Si estáis juntos para tener sexo, entonces los placeres de experimentar y dar van de la mano…

3. Estás comprometido con una lista de cosas por hacer, la vida moderna te tiene atrapado. El deseo sexual ronda en tu cabeza, quieres hacerle saber a tu pareja que estás listo para dar y recibir caricias. Por supuesto, no hay forma en que pegues en la puerta de la heladera un cartelito con esas intenciones, ya que los niños curiosos lo pueden leer. Pero si colocas una invitación en forma de corazón, puede recordarte y hacerle saber a tu pareja que hay una necesidad primaria de nuestro cuerpo por satisfacer.

Por supuesto, es más placentero cuando el sexo sucede sin planearlo y de manera espontánea, pero debemos admitir que la modernidad rara vez nos brinda tales oportunidades y si esperamos el momento perfecto… vaya a saber cuando sucederá.

Así que prepárate para dejar a tus hijos con la abuela o la suegra al final de la semana laboral y dedicaos la noche a vosotros mismos en pareja, con una cena ligera y algún afrodisíaco.

Intenta deshacerte del estrés por un medio adecuado - el masaje siempre ayuda, pero lo mismo podría lograrse con otra actividad placentera para ambos, ver una película, un baño caliente…

4. ¿Sabes cuántas veces tienes sexo? Si empiezas a contar cuántas veces y con qué frecuencia tienes sexo con tu pareja, entonces hay un problema. Alguien de la pareja no está satisfecho.

En general, establecer una meta como pareja, tener relaciones sexuales con mayor frecuencia tiene el efecto más beneficioso sobre la autoestima y la fortaleza de tu relación.

Sin embargo, centrarse en el número, ya sea durante una semana o un mes, no importa, le quita el placer, evítalo. Lo mismo ocurre si te obligas a tener relaciones sexuales porque tienes que hacerlo. Sin embargo, esta es una actividad que debe ser divertida. Es mejor centrarse en la predisposición en este caso.

5. Si no te gusta el sexo, no puedes luchar por él. La pregunta es ¿por qué no te gusta? La respuesta no está relacionada con la frecuencia de su práctica, o si alcanzas el orgasmo cada vez. El buen sexo tiene dos requisitos previos. El primero es sentirse bien, física y emocionalmente; y el segundo es sentirse aceptado por el otro como amante. O sea, debo quererme a mí mismo, y sentir que me desean.

6. ¡No tengas sexo a toda costa! Sexo por obligación, por compasión, porque no hay nadie más disponible, por insistencia e idea fija de alguien, es jugar a la ruleta rusa con la libido. Si te niegas una vez porque no te sientes en tu piel, te estás haciendo un favor no solo a ti sino también a tu pareja. Por supuesto, la negativa debe hacerse de una manera que no insulte al otro, solo explicas cómo te sientes. Si se aman o al menos se respetan, es suficiente. En este caso, la próxima vez

le demostrarás a tu pareja tu compromiso. A veces no es un error continuar con las caricias a pesar de las desganas. Con ellos llega la relajación y el deseo sexual aparece por sí solo.

7. La rutina mata el deseo sexual. Esto no es noticia. Para la mayoría de las parejas, en algún momento de su vida en común, llega un momento en que descubren que han caído en la rutina en la cama. Esto tiene un efecto perjudicial en su interés por la intimidad. La cura aquí es la introducción de nuevos elementos en el juego sexual, ya sea que pruebes nuevas poses, lugares, no importa, siempre que el método funcione. Lo cierto es que sin el esfuerzo de ambos no se pueden esperar milagros. Y recuerda que, si no disfrutas del sexo con tu pareja, él/ella lo entenderá. Mejor compartan y descubran nuevas formas de mantener la libido juntos.

8. De hecho, si son felices juntos, no pueden sentirse insatisfechos en la intimidad. ¿Qué hay que mencionar más sobre este punto? Hay estudios que prueban que la satisfacción sexual es directamente proporcional al sentimiento de felicidad que experimentan dos personas cuando están juntas.

9. Recuerda que el contacto entre ustedes durante el día es importante. No siempre puede suceder: chasqueas los dedos y te vas a la cama. Tal vez al principio. Tal vez cuando la pasión es fuerte. Pero... el sentimiento hay que mantenerlo si queremos tener una larga vida como personas sexualmente satisfechas. Este es el resultado de un estudio publicado en el Journal of Integrated Social Sciences

en 2011. Bueno, eso es todo: coquetea siempre que puedas.

10. Para poder disfrutar del sexo, necesitamos saber qué sexo es saludable y qué significa tener una vida sexual saludable. Aquí el realismo no es superfluo, es una condición necesaria. Está claro que la pasión no puede ser la misma en una relación a largo plazo. Aquí es bastante importante ponerse de acuerdo con tu pareja sobre cómo pueden diversificar sus sentimientos para evitar el aburrimiento mutuo. Y esto ya es una cuestión de elección y acuerdo conjunto...

## Cuánto debe durar el sexo

Científicos de la Universidad de Pensilvania dijeron cuánto tiempo debería durar el buen sexo. Los expertos señalaron que un acto de amor demasiado prolongado puede causar frustración entre los socios.

El trabajo de investigación sobre la duración óptima de las relaciones sexuales ha estado ocurriendo durante muchos años. Los científicos recopilaron información con la ayuda de médicos, trabajadores sociales, psicólogos y consejeros familiares, y entrevistaron a miles de encuestados.

Como resultado, los expertos llegaron a la conclusión de que el acto de amor ideal no debe durar más de 13 minutos. En realidad, parte de 8 minutos y se puede extender a 15 minutos (incluidos los juegos previos) para que la pareja quede muy conforme. Según los científicos, puede llamar a las relaciones sexuales breves si duran de uno a dos minutos. De tres a siete minutos ya es una duración normal de sexo.

Los investigadores también notaron que el sexo que dura de diez minutos a media hora es demasiado. En ocasiones, la extensión del acto se debe a que la mujer es poliorgásmica, o sea, que si recibe continuas estimulaciones puede generar más de un orgasmo.

Según el autor principal del estudio y profesor asociado de psicología, Eric Corti, los hombres y las mujeres a menudo tienen ideas poco realistas sobre el tiempo ideal de las relaciones sexuales. Debido a esto, los amantes pueden experimentar frustración o disfunción sexual.

**Datos saludables sobre el sexo**

El sexo y la unión íntima hacen la vida más hermosa y tienen una cantidad sorprendente de beneficios para la salud.

La cercanía física es una necesidad humana básica que necesita ser vivida. El sexo es una parte importante de esto, por razones biológicas, psicosociales y, por último, pero no menos importantes, de salud. La investigación muestra por qué una vida sexual activa nos pone más en forma, saludables y felices.

**1. Aptitud física**
Cuando tenemos relaciones sexuales, todo el cuerpo está involucrado: nuestro corazón late más rápido, respiramos más profundamente y liberamos hormonas

como la testosterona, la adrenalina y la oxitocina. El tacto envía miles de impulsos eléctricos a nuestro cerebro. Muchos músculos están activos.

Según un estudio canadiense, 25 minutos de actividad sexual es comparable a un ejercicio cardiovascular ligero. Las parejas participantes llevaban pulseras especiales que indicaban que quemaban un promedio de 85 calorías en la cama. Si bien el sexo no puede competir con trotar o un entrenamiento con pesas, es una buena adición al ejercicio regular. En las mujeres, las relaciones sexuales regulares contribuyen a fortalecer los músculos del suelo pélvico.

## 2. Corazón sano

Un corazón sano late de manera desigual. Esto significa que, con una frecuencia cardíaca de 60, el intervalo entre dos latidos no es exactamente de 1 segundo. Las variaciones de más de 100 milisegundos en la frecuencia cardíaca en reposo son bastante normales. La llamada variabilidad de la frecuencia cardíaca (VFC) tiende a ser más baja, es decir, el latido del corazón es más uniforme, cuando el cuerpo está en modo de estrés.

Existe evidencia de que una vida sexual activa y una mayor VFC están relacionadas. Las personas con una VFC más alta también parecen estar más en forma y más resistentes al estrés. Nuestro comportamiento sexual puede incluso tener un efecto positivo en la presión arterial: los participantes en un estudio tenían valores de presión arterial más bajos en una situación de estrés agudo si habían tenido relaciones sexuales la noche anterior.

## 3. Alivio del estrés

El sexo regular es bueno para la psique: tendemos a ser más felices, más equilibrados y menos estresados. Los investigadores encontraron que las parejas íntimas liberan menos cortisol en situaciones estresantes. El cortisol es una hormona que nuestro cuerpo libera cuando estamos estresados.

Durante el coito, pero también durante los abrazos, producimos hormonas como la oxitocina, que activan nuestro centro de recompensa y aseguran el bienestar. Estas "hormonas felices" también pueden hacernos menos sensibles al estrés.

## 4. Sistema inmunológico fuerte

Nuestro sistema inmunológico no es solo un sistema pasivo que protege de las amenazas externas. Cada vez hay más pruebas que muestran respuestas inmunitarias que se adaptan proactivamente a las condiciones externas. Esto incluye nuestro comportamiento social y nuestra actividad sexual.

Un estudio sugiere que el sexo estimula la producción de inmunoglobulina A (IgA) en nuestro organismo. IgA es un anticuerpo importante que es secretado por las membranas mucosas y combate los patógenos allí. Un promedio saludable tuvo el mejor efecto: los participantes del estudio que tuvieron relaciones sexuales de 1 a 2 veces por semana tuvieron los mejores valores de IgA.

## 5. Fertilidad

Parece obvio que más sexo aumenta la fertilidad: después de todo, entonces hay más posibilidades de que uno entre millones de espermatozoides llegue al óvulo. Sin embargo, lo nuevo es que el sexo también puede promover el embarazo fuera de los días fértiles.

La investigación en la Universidad de Indiana encontró que las mujeres sexualmente activas tienen una mayor probabilidad de concebir, incluso fuera del período de ovulación. Esto se debe a que las relaciones sexuales regulares desencadenan procesos fisiológicos que preparan al cuerpo para el embarazo.

## 6. Larga vida

¿Quién tiene sexo vive más tiempo? Algunos estudios a largo plazo sugieren que una vida sexual satisfactoria en realidad puede aumentar la esperanza de vida, tanto para mujeres como para hombres. Las personas sexualmente activas parecen verse menos afectadas por la enfermedad arterial coronaria grave, una de las principales causas de muerte en el mundo. Un estudio encontró que los orgasmos frecuentes (2 o más por semana) pueden reducir el riesgo de muerte en los hombres hasta en un 50%.

# Capítulo 2
# Consejos para mejorar la vida sexual

**Sexo - Importante para la salud**

El sexo es uno de los temas más apasionantes de la vida. El sexo no solo es divertido, también es saludable, tan saludable que algunos médicos lo prescriben. Según los sexólogos, se recomienda encarecidamente de dos a tres veces por semana.

En la Universidad de Bristol, Inglaterra, se llevó a cabo un estudio a largo plazo en el que participaron 1000 sujetos masculinos de entre 45 y 59 años. El estudio se desarrolló durante un período de diez años. El resultado del estudio se puede resumir en una frase: cuanto más sexo tiene alguien, más saludable es la persona.

**El sexo es saludable, incluso sin pareja**

Si te preocupa tu salud porque no tienes pareja para el sexo, no tienes por qué prescindir de los efectos saludables del sexo: la masturbación es la solución aquí, porque definitivamente puedes divertirte solo.

Sí, hasta las fantasías sexuales ya son saludables. Así que ni siquiera tienes que tomar medidas, puedes cerrar los ojos, recostarte con deleite y disfrutar de emocionantes ensoñaciones. Los hombres, por su parte, prefieren mantener los ojos abiertos, por una buena razón.

Cuando un hombre ve a una mujer que, en su opinión, es atractiva, su cerebro se activa, especialmente el llamado sistema de recompensa. Entonces, en cierto modo, se siente recompensado (por lo que sea) al mirar a la mujer. A diferencia de los hombres, ellas no pueden hacerlo con puro cine mental.

Un estudio especial de resonancia magnética pudo mostrar que el núcleo accumbens (un área en el cerebro anterior, el "sistema de recompensa") muestra una mayor actividad tan pronto como una mujer que le gusta aparece en el campo de visión de un hombre. Si a él no le gusta, no pasa absolutamente nada en el cuerpo masculino, al menos nada que no pasaría también sin una mujer.

La conversación o el coqueteo con una mujer atractiva, en opinión del hombre, ya provoca una reacción física, ya que ahora se concentra menos en el contenido de la conversación y hace tiempo que se entrega a las fantasías sexuales. En esta situación, su cerebro produce más de la llamada LH (hormona luteinizante), como demostró un estudio de la Universidad de Chicago.

LH estimula la producción de testosterona en los testículos. Entonces, si un hombre quiere aumentar su nivel de testosterona, todo lo que tiene que hacer es disfrutar de imágenes o películas relevantes.

Un efecto secundario práctico del aumento de los niveles de testosterona es el aumento de la quema de grasa. Al mismo tiempo, las células grasas ahora producen más leptina, una sustancia mensajera que transmite una sensación de saciedad. Así que el sexo te hace delgado y atractivo.

Sin embargo, la testosterona no es solo un producto para adelgazar. La testosterona juega un papel clave en la construcción de músculos. Por lo tanto, el sexo ofrece una gran oportunidad para promover el crecimiento muscular sin hormonas artificiales y, por lo tanto, sin efectos secundarios. Porque el sexo no solo proporciona las hormonas necesarias para la construcción muscular, sino también, por supuesto, el estímulo muscular necesario en forma de movimiento rítmico.

Incluso, solo una erección, por ejemplo, durante el coqueteo, es increíblemente saludable y deseable. Después de todo, cada erección aporta sangre fresca al tejido eréctil. El pene se vuelve rígido. Sin embargo, la rigidez frecuente entrena al pene, lo que mejora continuamente la capacidad de tener una erección.

**No hay sexo sin besos**
Besar aumenta la producción de saliva y una buena producción de esta claramente tiene beneficios para la salud.

Por ejemplo, la saliva que se produce al besar es muy rica en inmunoglobulinas tipo A. Estos son anticuerpos endógenos del sistema inmunitario que combaten muchos patógenos, pero se dice que tienen un efecto particularmente intenso contra las bacterias de la caries, entre otras cosas.

La saliva también tiene la función de mineralizar el esmalte dental. Por lo tanto, por supuesto, las medidas que favorecen el flujo de saliva también son muy útiles para la salud dental. El aumento de la producción de saliva también continúa durante mucho tiempo después de besar. Por lo tanto, besar puede dar lugar a unos dientes bonitos.

**Tómate tu tiempo durante el sexo**

Cuando se trata de unión física después de intensos besos y tiernos juegos previos, es bien sabido que no se desea una rápida satisfacción del hombre - a menos que sea un mal amante-.

Sin embargo, el sexo solo tiene beneficios para la salud si la actividad dura al menos veinte minutos, ya que solo entonces se estimula y también se nota la producción de la sustancia mensajera dopamina. La dopamina provoca una reducción intensa y sostenida del estrés, por lo que no en vano el sexo es una de las medidas de gestión integral del estrés.

La liberación de endorfinas también aumenta con la duración de la actividad sexual. Se trata de sustancias parecidas al opio que no solo te hacen sentir feliz, sino que también te hacen olvidar el dolor, y son especialmente eficaces contra los dolores de cabeza y las articulaciones. El sexo es claramente más saludable que la aspirina.


**El sexo mejora la salud de la próstata**

Alrededor del 30 por ciento del semen masculino se produce en la próstata (glándula prostática). Cuando se alcanza el clímax sexual, los músculos de la pared de la próstata se contraen y el semen es bombeado hacia la uretra.

Si el hombre sufre de una inflamación de la próstata (prostatitis), cada eyaculación también promueve el lavado de gérmenes infecciosos del tracto urinario inferior y del esperma. Así, cada eyaculación sirve para limpiar la próstata.

Para evitar que los gérmenes lavados penetren en la vagina de la mujer, está indicado el uso de preservativos si el hombre padece la infección correspondiente.

## El sexo sin preservativo es más saludable

Sin embargo, si el hombre y la mujer gozan de buena salud en todos los aspectos y no se requieren ni desean los condones por razones anticonceptivas, es mejor no usarlos. El sexo sin condón es más saludable, especialmente para las mujeres.

De hecho, el semen contiene sustancias psicotrópicas que pueden aumentar la sensación de felicidad en la mujer que resulta del buen sexo. Estas sustancias parecen actuar de esta manera cuando se ingieren tanto por vía vaginal como oral.

## Sexo en lugar de pastillas para dormir

Después del sexo, los hombres en particular suelen mostrar una fuerte tendencia a quedarse dormidos rápidamente. La hormona oxitocina, que es una ayuda natural e intensiva para dormir, es responsable de esto. Permite que la mayoría de los hombres caigan en un sueño profundo, preferiblemente dos o tres minutos después del sexo.

Por lo tanto, si normalmente solo puedes conciliar el sueño con pastillas para dormir, pregúntale a tu esposa/novia si no le gustaría ahorrarse los efectos secundarios de los medicamentos que inducen el sueño y tener sexo contigo en su lugar. Sin duda estará encantada, especialmente si tiene dolor de cabeza al mismo tiempo.

Y si crees que eres demasiado mayor para el sexo. ¡Entonces te equivocaste! Es cierto que a menudo hay necesidades y prioridades completamente diferentes cuando se trata de sexo en la vejez que cuando eras joven. Pero el sexo aún puede ser hermoso y hormigueante en la vejez.

## Para que el sexo realmente funcione

Por supuesto, también es posible que te encante tener relaciones sexuales para poder beneficiarte de una buena salud, pero desafortunadamente el sexo por sí solo no hace milagros, hay que ayudarlo para que alcance el potencial deseado.

Además del entrenamiento constante del suelo pélvico, ciertos complementos alimenticios puramente naturales también pueden ser muy útiles aquí y tienen un efecto extremadamente positivo sobre la potencia y la libido. El aminoácido arginina es uno de ellos, al igual que la maca o la capsaicina.

## Cordyceps para aumentar la libido

Sin embargo, el hongo medicinal Cordyceps es un candidato especial entre los remedios naturales que aumentan la potencia y la libido. Cordyceps promueve la libido en varios niveles y contrarresta la disfunción eréctil. Por ello, en la antigua China servía de apoyo indispensable a los hombres polígamos para poder complacer a todas sus esposas.

El hongo medicinal Cordyceps, por ejemplo, favorece la circulación sanguínea en el pene, lo que por supuesto es muy beneficioso para la erección deseada. Además, Cordyceps aumenta la calidad de la semilla y tiene un efecto positivo en el equilibrio hormonal.

## ¿Qué hacer cuando pierdes interés en el sexo?

Cuando se trata de sexo, muchas personas están bajo una enorme presión. Porque a menudo se aplica: cuanto más a menudo tengas relaciones sexuales, mejor. Sin embargo, ahora se dice que una quinta parte de todas las parejas (al menos en los EE. UU.) están en un matrimonio sin sexo. "Asexuado" significa: Todavía hay sexo, pero no más de diez veces al año. Estas no son parejas de setenta u ochenta años. Están en la treintena e incluso muy lejos de la crisis de la mediana edad o la menopausia. ¿Cuál es la razón por la que tanta gente tiene tan poco sexo? Las iremos analizando a continuación:

## El sexo está sobrevalorado

La primera razón podría ser que el sexo está totalmente sobrevalorado y, básicamente, es perfectamente normal tener relaciones sexuales una vez al mes o incluso una vez a la semana cuando ambos están relajados y pueden dedicar tiempo el uno al otro.

Sin embargo, algunas personas han tenido relaciones sexuales con mucha más frecuencia en el pasado y se sienten muy cómodas haciéndolo. Pero con el tiempo, el sexo ha seguido desapareciendo de su vida. Porque simplemente ya no quieren. ¿Por qué es?

## Mala calidad del sexo.

La mala calidad del sexo es una de las razones más comunes por las que las mujeres en particular prefieren no tener sexo en absoluto y utilizan como excusa el "no deseo" o el popular dolor de cabeza. ¡La solución aquí es la comunicación! Porque si la otra persona no sabe dónde está el problema, nada puede cambiar.

**El estrés dificulta el sexo**

Muchas personas rinden al máximo bajo estrés, por ejemplo, en el trabajo o durante los deportes. El sexo, sin embargo, rara vez es uno de ellos. Porque el estrés es un verdadero asesino sexual. Si estás estresado con frecuencia, busca formas de escapar del agobio.

Planifica tu día o tu semana con más libertad, y no te quedes sentado frente al televisor en las pocas horas libres, sino practica un método de alivio, como la relajación muscular progresiva, la meditación, el entrenamiento autógeno o lo que prefieras.

Los llamados adaptógenos, remedios a base de hierbas que pueden hacerlo más resistente al estrés, también ayudan a soportar mejor el estrés.

**Los problemas de pareja te hacen perder el interés.**

Si hay problemas en la relación, por supuesto que no es fácil tener sexo con esta pareja en particular. La lujuria se desvanece cuando los problemas se ciernen sobre la relación como una nube oscura. Te sientes tratado injustamente, incomprendido, tal vez engañado o no tomado en serio. Sin embargo, muchas personas necesitan la sensación de seguridad y cercanía con su pareja para desarrollar el deseo sexual. Pero si constantemente pelean entre sí, o si uno de los socios se cierra, entonces ya no puede haber ninguna cercanía.

Básicamente, los problemas se pueden resolver cuando todos están dispuestos a hablar, dejar de jugar, ser honestos (incluso con ellos mismos) y comprometerse. A menudo ayuda ver las cosas desde el punto de vista de la otra persona para entenderla mejor. Lo que funciona de maravilla es una disculpa que viene del corazón. Puede curar muchas heridas y ser una oportunidad para un nuevo comienzo.

## Alcohol

El alcohol rompe las inhibiciones y facilita las relaciones sexuales. Sin embargo, si te excedes, tu libido disminuirá. Además, no a todas las parejas les gusta una racha de alcohol, y mucho menos el sexo con un borracho. El alcohol puede, si te lo propones, aumentar el número de aventuras de una noche, pero si quieres tener más sexo con tu pareja, debes ser más cauteloso cuando se trata de alcohol, especialmente si la otra persona no lo hace.

## La falta de sueño

Cuando estás privado de sueño, es casi normal que no tengas ganas de tener relaciones sexuales. Así que asegúrate de dormir lo suficiente. Pasa menos tiempo frente a la TV/PC/tablet y acuéstese más temprano.

Si el insomnio es la razón de tu falta de sueño, entonces podría tener sentido seguir teniendo relaciones sexuales, ya que se ha demostrado que combate el insomnio. Así que, a pesar de tu cansancio, déjate seducir y observa cómo esta medida afecta la calidad de tu sueño.

**Niños**

Si de repente hay niños en la familia, entonces el deseo sexual disminuye por varias razones. Estableces otras prioridades, cuidas a los niños y no tienes tanto tiempo para tu pareja. Por la noche te acuestas muerto de cansancio y te alegras si el primero no vuelve a llorar después de una hora o quiere meterse en la cama de los padres.

Sin embargo, haz tiempo para tu pareja regularmente. Encuentra una niñera que pueda cuidarlos durante unas horas. Incluso los abuelos o tías/tíos posiblemente pueden involucrarse de vez en cuando. Más tarde, los niños pueden quedarse con amigos, y ustedes tienen tiempo para estar juntos nuevamente.

**Medicamentos**

Algunas drogas reducen la libido. Trágicamente, de todas las cosas, la píldora anticonceptiva puede ser una de ellas. Así que tomas una pastilla para poder tener relaciones sexuales sin preocuparte, pero ya no tienes ganas de tener relaciones sexuales gracias a esta pastilla.

Otros medicamentos que pueden reducir el deseo sexual incluyen los siguientes:

- Antidepresivos
- Antihipertensivo
- Medicamentos de quimioterapia
- Finasterida (para la caída del cabello)
- Diuréticos
- Medicación para el corazón
- Agente reductor del colesterol

Si ya casi no tiene ganas de tener relaciones sexuales y estás tomando uno de estos medicamentos u otros medios, habla con tu médico al respecto. Es posible que puedas reducir la dosis u obtener un medicamento diferente que no tenga este efecto secundario.

## Baja autoestima

Algunas personas no se sienten realmente cómodas consigo mismas. Hay una falta de autoestima. Te sientes demasiado gordo, demasiado delgado, demasiado voluminoso, no lo suficientemente musculoso, en resumen, demasiado poco atractivo. No es de extrañar que el 50-60 por ciento de los europeos prefieran el sexo en la oscuridad. Les falta la confianza para incluso dejar las luces encendidas durante el sexo.

Si tu pareja es ese tipo de persona, es posible que no tenga ganas de tener relaciones sexuales a la luz del día simplemente porque se avergüenza de su cuerpo. Haz que se ponga a gusto. Dile lo hermoso, único y sexy que lo encuentras.

Si eres tú quien no está realmente feliz con tu cuerpo, entonces hay al menos dos posibilidades. ¡O aprendes que los cuerpos hermosos no tienen que ser perfectos y te gustan como eres, o tomas varias medidas (ejercicio, cambios en tu dieta) de ahora en adelante para moldcar tu cuerpo como te gustaría que fuera!

## Exceso de peso

La obesidad puede reducir el deseo sexual. Ya sea por la baja autoestima mencionada anteriormente o porque no puedes moverte como te gustaría.

El tejido adiposo es también un tejido hormonalmente activo. Convierte la testosterona en la hormona femenina estrógeno. Por lo tanto, los hombres con sobrepeso a menudo tienen niveles más bajos de testosterona y, por lo tanto, menos deseo. El pene en personas con sobrepeso también tiene menos suministro de sangre, lo que reduce la estabilidad y puede provocar disfunción eréctil.

Cualquiera que reduzca su exceso de peso pronto no solo se sentirá mejor y más flexible, sino que automáticamente volverá a tener más deseo sexual.

## Problemas de erección

La disfunción eréctil o la eyaculación precoz son, por supuesto, también una razón para tener menos apetito sexual. Porque si no funciona como se desea, los hombres a menudo se ponen bajo presión y temen que no funcione la próxima vez. Sin embargo, este miedo es contraproducente y fomenta el fracaso.

En cualquier caso, habla con tu pareja, lo que ya será un gran alivio. Juntos pueden probar medidas que, por un lado, fortalecen la erección y, por otro lado, previenen la eyaculación precoz. Puedes encontrar mucha ayuda en Internet con estos términos de búsqueda.

## Muy poca testosterona

La testosterona crea el deseo sexual. Sin embargo, con la edad, los niveles de testosterona disminuyen constantemente. Algunos hombres pierden su libido como resultado. Sin embargo, hay muchas cosas que puedes hacer para recuperar los niveles de testosterona, o al menos evitar que bajen.

## Depresión

Las personas que están deprimidas generalmente no tienen ganas de hacer nada, incluido el sexo. Aquí no es muy útil tratar la aversión sexual. En cambio, la depresión debe ser el foco del tratamiento. Cuando la depresión cede, vuelve el deseo sexual.

## Menopausia

Muchas mujeres pierden el deseo sexual durante la menopausia. Esto no es sorprendente, ya que durante esta fase experimentan cambios físicos que hacen que el sexo sea menos placentero, como el revestimiento vaginal seco y el dolor durante las relaciones sexuales.

Pero existen remedios naturales para los síntomas típicos de la menopausia. La terapia con hormonas bioidénticas, es decir, hormonas similares a las hormonas del propio cuerpo, puede hacer que la menopausia, si aparecen síntomas, sea mucho más placentera.

**Empujar o rogar**

Si uno de los socios, generalmente el hombre, simplemente no puede soportarlo más y hace insinuaciones groseras para finalmente obtener su cuota sexual... entonces esto no promueve exactamente el deseo en el otro... todo lo contrario. La empatía sería apropiada aquí.

Porque a menudo la mujer tiene todo tipo de cosas en mente, por lo que no necesita velas u otros impulsos románticos para ponerse de humor en el momento, sino tal vez solo alguien que la ayude y vea lo que hay que hacer, para darle a ella tiempo libre. Alguien que haga las reparaciones hogareñas, cuide del jardín, lleve a los niños a la plaza o al campo de deportes por unas horas, o lave los platos sin que se lo pidan.

El alivio en la vida cotidiana conduce a una mayor relajación, y solo aquellos que están relajados pueden desarrollar un deseo sexual en primer lugar.

**La vida sexual de un hombre y su papel**

Una investigación realizada por científicos de la Queen's University Belfast ha demostrado que una vida sexual activa reduce a la mitad el riesgo de sufrir un ataque al corazón o un derrame cerebral, es decir, tres relaciones sexuales a la semana. El hecho es que, durante el sexo, el corazón bombea sangre mucho más rápido. Esto previene la formación de coágulos de sangre y el bloqueo de las venas, y también sirve como una buena sacudida para el cuerpo, comparable en su efecto a un entrenamiento en el gimnasio. Al mismo tiempo, los tejidos están mejor saturados de oxígeno, lo que es especialmente importante para un habitante de la ciudad moderna que lleva un estilo de vida sedentario y se ve privado de aire fresco. También se ha encontrado que el sexo regular fortalece el sistema inmunológico y aumenta la resistencia del cuerpo a las infecciones. Tiene un efecto particularmente beneficioso sobre el cerebro.

Dado que una cantidad significativa de hormonas de la juventud y la alegría se liberan en la sangre durante y después de las relaciones sexuales, el sexo puede considerarse el antidepresivo más fuerte y, quizás, la mejor cura sistémica natural para el estrés y el insomnio. Además, la vida sexual contribuye a la activación general de la actividad cerebral y ayuda a la formación de nuevas células en sus tejidos. Igualmente importante, el contacto sexual ayuda con la distonía vegetovascular y otras enfermedades del sistema nervioso central.

Una vida sexual saludable en un hombre es importante para mantener la salud de manera general.

Desafortunadamente, el cuerpo humano no es perfecto. Con el tiempo, bajo la influencia de varios factores, la capacidad reproductiva del hombre promedio disminuye. La testosterona, la mismísima "hormona masculina", empieza a producirse en cantidades más pequeñas, y esto conduce a una pérdida de energía, de interés por la vida y, en última instancia, a la vejez.

## Así es como vuelves a acelerar tu vida sexual

La razón de la falta de deseo sexual suele ser compleja. Pero a menudo resulta que en realidad se basa en el mal sexo, dice la sexóloga y autora Gro Isachsen. Ha dirigido terapia de pareja durante varios años y ha escrito varios libros sobre sexo y deseo.

Las parejas que la visitan suelen describir que su vida sexual se ha detenido gradualmente. "Ella se enciende con menos frecuencia, él está cansado de ser rechazado y ambos se encierran" suele escuchar de sus pacientes.

Pero a menudo se ha prestado poca atención a lo que le da placer, es decir, la estimulación del clítoris. Entonces el sexo se convierte rápidamente en un deber, dice Isachsen. Según la sexóloga, muchas mujeres carecen de contacto con su propio sexo, porque los músculos del suelo pélvico son demasiado débiles.

Inhibe la capacidad de tener un orgasmo, porque son estos músculos los que sufren espasmos cuando tenemos un orgasmo. Además, los músculos débiles dan poca fricción durante el coito, lo que afecta tanto a ella como al placer de él, dice Isachsen.

## La vida sexual caracteriza el resto de la convivencia

Debemos trabajar con respeto, confianza, intimidad y pertenencia antes de empezar a centrarnos en el sexo y la ignición. Muchas personas también han tenido innumerables conversaciones con su pareja cuando su vida sexual se ha deteriorado, y el enfoque en el problema puede ser aún más devastador: nadie quiere un problema. En las conversaciones tenemos que remontarnos a la época en que florecía la vida sexual, sentir la maestría de tener buen sexo, y añorar haberla perdido, dice Isachsen.

Según ella, la mayoría de las parejas necesitan entre cinco y nueve horas de terapia antes de volver al deseo. Les gusta comenzar con el entrenamiento de sensibilidad, donde se enfocan en pasar tiempo en situaciones sexuales y acurrucarse entre ellos.

## Encuentra los puntos gatillo del otro

Ambos aprenden a tomar la iniciativa nuevamente y se retroalimentan mutuamente sobre lo que se siente bien. Pero no deben tener relaciones sexuales durante este período.

Esto significa que aquellos que carecen de deseo, tienen tiempo para sentir sus propias necesidades y tomar conciencia de su propio patrón de encendido, sin presiones de la pareja. Muchas personas no conocen su propia ignición y necesitan consejos para comprender cómo pueden controlar la mente y usar los músculos para obtener más deseo, dice Isachsen.

Ella aconseja a las parejas que busquen los puntos desencadenantes del otro, mental y físicamente. Y para saber quién prefiere un rol activo y otro pasivo.

El pasivo cede y el activo toma el control. Si ambos se atreven a exponerse y aceptar su sexualidad, da una buena dinámica.

## Los consejos para ella

• Sepa cuáles son tus necesidades y se honesta acerca de ellas con tu pareja.

• Trata al clítoris con tanto respeto y cuidado como lo hace con el pene del hombre.

• Piensa en el buen sexo que has tenido y recuerda que esto es algo que haces para tu propio placer, y no solo para satisfacer al hombre de la casa.

• Siéntete libre de leer literatura erótica para recordar lo que extrañas cuando no tienes relaciones sexuales. Siéntete libre de crear tus propias fantasías eróticas, donde tú te pones en las fantasías.

• Ejercita los músculos del suelo pélvico, son importantes para el buen sexo y los orgasmos potentes. Al contraer los músculos del piso pélvico, también puedes impulsar su propia erección cuando lo desees.


## Los consejos para él

• Bríndale mucha atención positiva para que ella se entusiasme. La retroalimentación positiva aumenta tu autoestima en la cama, por lo que atrévete a exponer tu cuerpo, comunicar tus propias necesidades y dejarte llevar.

• Debes estar allí para ella en la vida cotidiana y ser consciente de crear encuentros positivos. Reír juntos, coquetear y jugar. Proporciona intimidad y seguridad, lo cual es importante para entrar en una situación erótica.

• Habla con ella sobre tu vida sexual, pero ten en cuenta que el enfoque del problema no reciba demasiado espacio. No emprendas la vida sexual en relación con una discusión, sino en una situación más positiva y relajada.

## Un problema de apreciación

Sentirse querido y deseado es una fuerza impulsora importante en los deseos de las mujeres, dice la investigadora sexual y profesora de psicología estadounidense Marta Meana. Ella estudió los movimientos oculares de mujeres y hombres mientras miraban imágenes con contenido sexual. Mientras que los hombres se centraron casi exclusivamente en las mujeres de las imágenes, las mujeres miraron por igual a ambos sexos, centrándose en los rostros de los hombres y los cuerpos de las mujeres.

Meana cree que es tanto un componente relacional en la sexualidad de las mujeres como una parte muy egocéntrica. Según la investigadora, la falta de deseo puede deberse a que las mujeres no se sienten atractivas y piensan que su pareja no puede desearlas. Ella recomienda trabajar con esta incertidumbre.

Para algunas, puede ser tan simple como comprar ropa interior nueva o comenzar a practicar ejercicios. Otras pueden necesitar trabajar en su propia imagen. De cualquier manera, podría valer la pena comprobar lo que tu pareja realmente piensa sobre tu cuerpo. Porque la investigación muestra que los hombres a menudo tienen una visión mucho mejor del cuerpo de su amada que ella misma.

## Mejorar con mindfulness

Lo que voy a decirte no es ningún secreto. Mejorar tu vida sexual con mindfulness es tan fácil como estar más presente el uno con el otro.

Cada vez más personas practican la atención plena para reducir el estrés, hacer frente a la ansiedad y la depresión, dormir mejor y ver su vida y su entorno desde una perspectiva diferente. Estos son solo algunos de los beneficios del mindfulness, que te ayudarán a tomar conciencia del aquí y ahora. Te saca de tu línea normal de pensamiento para disfrutar de las personas y las sensaciones que ocupan el presente.

Ser plenamente consciente básicamente significa estar presente tanto en tu mundo interior como en el exterior. Puedes practicar la atención plena en muchas más situaciones además de la meditación. Es por eso que tantos terapeutas lo recomiendan como una forma de mejorar tu vida personal, tus relaciones e incluso el sexo.

Nuestra vida diaria nos distrae fácilmente. Los pensamientos negativos, el estrés, la inseguridad y otros problemas nos impiden disfrutar de momentos de relajación y tiempo con los demás. Nos olvidamos de sentir. Como resultado, muchas relaciones terminan, porque las partes están en la relación sin estar presentes. Esto afecta todos los aspectos de la relación, incluido el sexo.

El sexo es una parte importante de una relación romántica, pero la magia se rompe cuando las partes participan en el acto íntimo sin seguir lo suficientemente bien como para disfrutarlo. Cuando los pensamientos divagan, no puedes disfrutar el momento y puedes hacer que tu pareja piense que no estás mirando, que no te dedicas lo suficiente y que estás a punto de perder el interés en ella (no solo sexualmente).

Practicar mindfulness te enseñará a estar atento y presente, pero también a notar y disfrutar absolutamente todo lo que sucede a tu alrededor. Esto expandirá las experiencias compartidas y elevará la experiencia física y emocional a un nivel espiritual.

Estar completamente presente durante el sexo le mostrará a tu pareja que la estás escuchando, que estás enfocado en ella, que no hay nadie más que ustedes dos en ese momento. Esto no solo hará que la experiencia sea más satisfactoria, sino que también te ayudará a generar confianza y mejorar la intimidad a largo plazo.

Además, la atención plena puede ayudar a las personas que luchan con problemas sexuales. Esto incluye problemas relacionados con el miedo a la actuación, que es cuando la persona se convierte en prisionera de su propio miedo. Esto hace que sea imposible concentrarse en sentir lo que están haciendo en este momento.

## Sexo consciente, amor consciente

Estamos demasiado acostumbrados a ser menos conscientes durante el sexo. A menudo se asocia con el alcohol, la evitación y la imaginación. Ponemos demasiado énfasis en el placer individual y olvidamos que satisfacer a nuestra pareja puede ayudarnos a lograr nuestra propia satisfacción.

El sexo atento te anima a detenerte y explorar el momento como un profundo intercambio de emociones y sentidos. Prestar mucha atención al corazón y a tu cuerpo, como el de tu pareja te permitirá descubrir que la ignición es solo el comienzo. La meditación puede hacer del sexo una experiencia única y muy cómoda.

¿Por qué no sentarse en silencio mientras sostiene la mano de tu esposo o esposa? ¿Por qué no cerrar los ojos y sentir? Siente la presencia del otro, entra en la presencia del otro, deja que la presencia del otro entre en ti; vibrar juntos, balancearse juntos; si de repente una energía poderosa se apodera de ustedes, bailen juntos, y alcanzarán alturas orgásmicas de alegría que nunca antes habían experimentado. Estas alturas orgásmicas no tienen nada que ver con el sexo, en realidad tienen mucho que ver con el silencio.

Y si además logras volverte meditativo en tu vida sexual, si logras estar quieto mientras practicas sexo, en una especie de danza, te sorprenderás. Tienes un proceso incorporado que te puede llevar a una costa muy lejana.

## Algunos consejos para mejorar tu vida sexual

Aunque a menudo se pasa por alto, ¡el cerebro es "el órgano más importante" cuando se trata de sexo! Los órganos y procesos involucrados son más numerosos y juegan roles diferentes, pero se trata de la interacción de los factores que crean la maravilla que puede ser el buen sexo.

En primer lugar, los órganos reproductivos deben estar activos y bastante saludables, por así decirlo. Los factores externos, como fumar, el consumo excesivo de alcohol, el aumento de la edad, la medicación, distintas enfermedades, a menudo tienen un efecto negativo o inhibitorio. Las hormonas, así como la capacidad de sentir la necesidad de tener relaciones sexuales son otros factores clave.

## Factores mentales y emocionales que juegan un papel en el sexo.

## Problemas en las relaciones de pareja.

La tensión, el estrés y la distancia emocional son los factores más importantes y pueden arruinar fácilmente una buena vida sexual. Las disputas, como cuestiones de dinero y crianza de los hijos, que no tienen nada que ver con el sexo, pueden ser la raíz del problema y obstaculizar el buen sexo en la pareja. También puede ser al revés, donde los problemas sexuales estresen la relación y dificulten la buena comunicación en el día a día. Aquí tenemos que llegar a la raíz del problema de cualquier manera y trabajar en ello.

## Miedo al bajo rendimiento

El miedo a "hacerlo mal en la cama" y el estrés que conlleva pueden reducir el disfrute sexual de una persona e incluso reducir el deseo de tener relaciones sexuales con su pareja.

Esta condición afecta tanto a hombres como a mujeres y el riesgo a menudo aumenta a medida que las personas se acercan a los cincuenta.

## Imagen corporal y confianza

Hay muchas razones por las que una persona siente que está lejos de ser sexy. Los factores naturales como las arrugas, el envejecimiento y la degeneración del cuerpo son inevitables. El embarazo tiene diferentes efectos en el cuerpo de la mujer y hace que algunas mujeres se sientan menos sexys que antes. Los factores relacionados con el estilo de vida, como la mala alimentación y la inactividad, seguidos del aumento de peso y la mala forma del cuerpo, también juegan un papel y pueden reducir fácilmente el deseo de una persona de ser tocada y tener una relación cercana e íntima que a menudo precede a una buena vida sexual.

## Expectativas y experiencia sexual previa

La sexualidad es innata en el hombre, pero la familia, la cultura, la religión, los medios de comunicación y los conocidos, especialmente durante la adolescencia, son los que más influyen en cómo ves el sexo e incluso en cómo quieres tener sexo. Para muchos, estas influencias son positivas y edificantes, pero desafortunadamente no siempre es así.

## Estrés y cambios en las circunstancias.

El estrés y la fatiga pueden destruir rápidamente cualquier deseo sexual. Esto no es extraño porque el sexo consume energía y quita tiempo de descanso en la cama, ¡realmente muy positivo y agradable! El estrés puede provenir de muchas fuentes diferentes, dificultades para criar a los hijos, dificultades para comunicarse con el adolescente en el hogar, adversidad financiera, enfermedades tanto propias como de los seres queridos, problemas en el lugar de trabajo, por nombrar algunos. Todo esto puede jugar un papel en el hecho de que dos individuos puedan cultivar su relación y sexo.

Es importante que las parejas trabajen juntas en los temas que dificultan el buen sexo, la razón es que el buen sexo puede ser un buen detonante para mejorar una relación porque es tan simple y no cuesta nada y devuelve tanto bienestar cuando ambas partes pueden estar ellos mismos y dejar que sus sentimientos.

## 10 consejos para mejorar tu vida sexual

**1. Hable con su cónyuge**. Hablando con tu pareja sobre lo que te gusta y cuáles son tus fantasías, puedes mejorar tu vida sexual. Al aumentar tu comunicación con tu cónyuge, se vuelven más cercanos y quieren acostarse más con él / ella.

**2. Pasar más tiempo en el juego previo**. El sexo debe ser algo que esperas hacer. Los juegos previos son lo que te emociona por el gran evento. No tiene que ocurrir 15 minutos antes de tener relaciones sexuales. Puedes comenzar el día enviando un mensaje de texto sexy o un mensaje con una foto tuya en ropa interior genial. También puedes enviarle un correo electrónico a tu pareja para decirle lo genial que estuvo esa mañana.

**3. Practica sexo oral**. A veces las personas dan por sentado el sexo oral, pero puede ser muy placentero y especialmente para las mujeres. Las mujeres deben usar sus labios y lengua para la ceremonia, pero los hombres deben ser suaves y cuidadosos. Tanto las mujeres como los hombres deben usar sus manos para aumentar la satisfacción de su pareja. Deje que tu cónyuge te diga lo que quiere para que sepas cómo complacerlo/la.

**4. Prueba diferentes poses.** Esto puede parecer un consejo obvio, pero hay muchas personas en una relación que, sin saberlo, tienen relaciones sexuales siempre en las mismas poses. Prueba nuevas posiciones, podrían funcionar para tu pareja.

**5. Tener el orgasmo al mismo tiempo.** Es más fácil de lo que piensas. Si la mujer está teniendo un orgasmo (a menudo es más difícil para las mujeres) y le dices a tu pareja que está sucediendo, entonces tu cónyuge puede intentar tener un orgasmo al mismo tiempo.

**6. Usa siempre lencería bonita.** Al usar ropa interior hermosa debajo de tu ropa de trabajo, te sientes mejor y más cómoda contigo misma. Puede ponerte en el estado de ánimo adecuado para el sexo y puede hacer que te sientas más excitada por el sexo cuando llegues a casa después del trabajo. La ropa interior de algodón que cuelga fuera de ti no hace mucho para que las cosas se muevan.

**7. Sorprende a tu cónyuge.** Algunas personas sienten que necesitan planificar su vida sexual para que esto suceda. Aun así, es más divertido sorprender a tu pareja y tener sexo cuando menos lo espera. El sofá de la sala o la cocina en pleno día son buenos lugares para tener sexo inesperado.

**8. Use juguetes sexuales o lubricantes para aumentar el placer.** No hay nada de malo en usar un vibrador o lubricante sexual. También puedes usar crema batida o chocolate para darle vida a tu vida sexual.

**9. Ten sexo rápido de vez en cuando**. No siempre es el momento de tener sexo maratoniano. Eso no significa que no puedas tener sexo. El sexo rápido puede romper el día y puede ser una buena idea ir a casa y tener sexo con tu marido durante la hora del almuerzo, por ejemplo.

En caso de duda, vuelve a lo básico. No tienes que avergonzarte de lo que te gusta. Cuando sientas que te estás esforzando demasiado en el sexo, puede ser una buena idea comenzar con lo tradicional. Ambas partes deben sentirse cómodas con lo que se está haciendo.

## Este simple cambio puede mejorar tu vida sexual

Otro consejo para mejorar tu vida sexual, como aconsejan los expertos, es sencillo: enciende las luces cuando tengas relaciones sexuales.

Tener siempre las luces apagadas hará que la conexión emocional con tu cónyuge y/o pareja sexual se desvanezca. La sexóloga Megan Stubbs dice que, si bien el método es simple, puede ser difícil cambiarlo si las personas están acostumbradas a tener siempre las luces apagadas.

"Para algunos, la idea da miedo, pero cuando compartes con tu cónyuge aquello a lo que eres sensible, tu relación se profundiza. Cuando las luces están encendidas, estás mirando a la otra persona y el contacto visual en el sexo ciertamente ilumina las cosas.

Conectas mejor con tu pareja y lo bueno es que esa conexión sigue funcionando después de que termina el sexo (ceremonia)".

## ¿Cómo hablo con mi pareja sobre sexo?

Hablar de sexo es muy importante y debe ser una parte normal de la relación, sin ser vergonzoso.

¿Con qué frecuencia hablas con tu cónyuge sobre sexo? ¿Te sientes quizás más cómodo teniendo sexo con tu cónyuge que discutiéndolo? Hablar de sexo es muy importante y debe ser una parte normal de la relación, sin ser vergonzoso.

## ¿Qué implica?

Es perfectamente normal preguntarse qué significa hablar con tu cónyuge sobre sexo. ¿Se hace antes o después de dormir juntos? ¿Hablo claro o trato de expresarme de otras maneras? ¿Hago una lista de temas y doy un discurso estruendoso? Probablemente todo esto ya se ha hecho. Hablar sobre sexo puede tomar muchas formas, desde discutir lo que sientes en la cama hasta una discusión seria sobre el consentimiento y la concepción.

Pero es vergonzoso hablar de sexo...
Si puedes compartir tu cuerpo con alguien más, también deberías poder compartir tu mente. El sexo suele ser mejor cuando las personas pueden hablar de ello franca y abiertamente. Ser capaz de hablar abiertamente sobre el sexo puede evitar que tú o tu cónyuge tengan una experiencia negativa.

Es comprensible que te resulte incómodo hablar de sexo. Puede ser difícil abrirse sobre algo tan personal, pero la práctica crea el maestro y da como resultado una mejor experiencia y te fortalece al mismo tiempo.

## ¿Cómo tengo la conversación?

La forma en que hablas con tu pareja sobre el sexo depende de tu relación y de lo que quieras hablar. Aquí hay algunos consejos para tener en cuenta si no estás seguro de cómo iniciar una conversación:

• Decide de antemano lo que quieres decir, puede ser útil escribirlo en una hoja de papel. Comprende tus propios sentimientos y pensamientos antes de pedirle a tu cónyuge que lo haga.
• Comienza la conversación desde otra cosa. Podría ser algo que leíste o viste en la televisión.
• Manten la conversación alegre. Hablar de sexo no tiene que ser serio, pero ten cuidado de no hablar descuidadamente y considerar los sentimientos de tu pareja. Trata de mantener el ambiente relajado.
• Ten conversaciones fuera del dormitorio. Puede ayudarte a no sentirte vulnerable cuando se trata de temas delicados.
• Habla acerca de tus sentimientos. Más bien, di cómo te sientes en lugar de culparte a ti mismo. Ejemplo: "No me siento bien cuando esto sucede" en lugar de "Cuando haces esto me siento mal"
• Si tu cónyuge tiene algo que decir, escúchalo con respeto, tu cónyuge también puede sentirse inseguro sobre estos temas y se necesita coraje. Es posible que tu cónyuge quiera probar algo que a ti no te interesa, pero déjalo terminar y luego explícale tu posición. No hagas nada que no quieras hacer, pero también es bueno respetar los sentimientos de tu cónyuge.

## ¿Cómo puedo expresarme sin hacer sentir mal a mi cónyuge?

Los consejos no son malos si están redactados correctamente y de forma constructiva.

Elogia algo que le guste antes de criticar algo que se podría hacer mejor, entonces tu cónyuge no sentirá que puede hacer nada bien.

Espera hasta después. No ayuda a nadie criticar la actuación en medio de una trifulca.

No guardes los sentimientos dentro de ti y tíralo todo a tu pareja en un instante. Una conversación constante es mejor que una bomba.

¿Cómo me expreso en medio de una pelea sin matar el estado de ánimo?
Las relaciones sexuales no deben limitarse a hablar sucio. No solo estás atado por las palabras, sino que también puedes insinuar lo que sientes y lo que no sientes a través del lenguaje corporal y los gemidos. Podrías intentar guiar a tu cónyuge en la posición correcta con tu cuerpo o sugerir que él o ella está haciendo algo bien con expresiones que no sean palabras.

Si te sientes mejor con el uso de las palabras, puedes decir constructivamente que te gusta algo que está haciendo tu cónyuge. Tampoco tiene nada de malo pedir que se haga algo diferente o preguntar si tu cónyuge está dispuesto a probar algo nuevo.

También es importante considerar a tu pareja, preguntarle cómo se siente y qué siente antes de intentar algo nuevo. El respeto entre ustedes los hace sentir seguros. La seguridad es clave, nunca dejes que tu inseguridad se interponga en el camino porque tienes miedo de "arruinar el estado de ánimo".

## ¿Qué debo hacer si ya no quiero tener sexo con él?

El consentimiento es lo más importante cuando se trata de sexo. El consentimiento debe ser claro antes y durante las relaciones sexuales. Si has estado en una relación sexual durante mucho tiempo, puede ser difícil dejar en claro que ya no quieres tener relaciones sexuales con tu pareja. No cambia el hecho de que, si te sientes así, entonces tienes que dejarlo claro. Elige un lugar en el que te sientas cómodo y di honestamente lo que tienes en mente. Trata de no ser descuidado con los sentimientos de tu cónyuge. Todas las relaciones, románticas, de amigos y sexuales pueden terminar. Si la persona es una persona bastante comprensible, entonces lo entenderá.

## Buen sueño y más sexo

Investigaciones recientes muestran, sin duda, que una buena noche de sueño es esencial para nuestro bienestar y mejora nuestro rendimiento en muchas áreas. Incluso dentro de las paredes del dormitorio. Desafortunadamente, los problemas del sueño siguen siendo extremadamente comunes y reducen significativamente la calidad de vida de las personas en todo el mundo. Afortunadamente, ha habido mucha conciencia sobre la importancia de un buen dormir para la salud mental y física en los últimos años, y los expertos han señalado varios problemas de salud que pueden acompañar a la falta de sueño.

Pero, ¿qué efecto tiene el insomnio sobre el sexo, el deseo sexual y la fertilidad? Cuando se examinan los hábitos sexuales de las personas en la investigación, queda claro que a veces tenemos menos sexo ahora que antes. Cuando se les pregunta a las personas por qué no tienen más sexo, la respuesta más común es que están demasiado cansadas. Esto es especialmente cierto para las mujeres, pero alrededor del 40% de las mujeres dicen que tienen poco deseo sexual. Estas mujeres a menudo están cansadas de la situación y quieren encontrar soluciones para aumentar la libido. Sus parejas sexuales a menudo también quieren eso.

Se considera probable que, en algunos casos, la reducción del deseo sexual se deba a problemas para dormir, y la mejora de los hábitos de sueño ha dado buenos resultados a las personas que se quejan de disfunción sexual. La investigación también ha demostrado que las mujeres son mucho más propensas a tener relaciones sexuales el día después de dormir lo suficiente y, según los informes, tienen más antojos. Es importante tener esto en cuenta al observar cuán comunes son los problemas del sueño, especialmente entre ellas. Es común que las mujeres tengan trastornos del sueño como consecuencia de los cambios hormonales que se producen durante el parto, el embarazo, la pubertad y la menopausia, por ejemplo. Estos problemas de sueño pueden, en muchos casos, convertirse en insomnio crónico que afecta el deseo a largo plazo y la libido si no se tratan.

## Especiales para el sexo

### Cocinar desnudos

Intenta cocinar la cena desnuda con tu pareja. Una encuesta realizada en Nueva Zelanda muestra que el 8 % de las personas de entre 18 y 34 años han intentado alguna vez cocinar desnudos con sus seres queridos. La encuesta también dice que el sudor causado por estar de pie junto a la estufa caliente es una forma ideal de darle vida a tu vida sexual.

### Cuadros en la mesita de noche

Si tu mesita de noche está cubierta de cuadros de la tía Anna, de tus mejores amigos o del perro de la casa, es hora de repensar la decoración de interiores. Tu amante no estará encantado con la idea de disfrutar del amor mientras los ojos vigilantes de amigos y familiares parecen estar observando cada movimiento. Mantén todas las fotos de amigos y familiares en la sala de estar y coloca fotos de ti y tus seres queridos en las distintas etapas de la relación en el dormitorio.

### ¡La estimulación sexual viene con el taburete!

Muchas mujeres experimentan una disminución repentina de su deseo sexual, aunque recientemente hayan estado al borde del orgasmo sexual. Cuando esto sucede, es importante relajar toda la estimulación, pero luego reconstruirla lentamente. Concéntrate en lo que estás sintiendo en ese momento con tu ser querido y si tu mente comienza a divagar, trata de dirigirla suavemente hacia los ciclos de amor, el momento aquí y ahora.

### Iluminación sexualmente estimulante

Coloca dos lámparas diferentes en la mesita de noche. Una que ofrezca la iluminación habitual para la lectura y otra que genere una iluminación romántica y sexualmente estimulante. Asegúrate de que la iluminación que debe ponerte a ti y a tu pareja en el estado de ánimo adecuado no sea ni demasiado oscura ni demasiado clara. ¡Quieres poder ver a tu amante sin tener que mirar cada célula de la piel! La iluminación amarilla o rosa es cómoda y emocionante.

## Estimula a tu ser amado con unas cosquillas

Puede sonar ridículo que unas cosquillas puedan tener algo que ver con el sexo, pero el hecho es que reduce la tensión y el estrés, lo cual es un buen precursor del sexo relajado. Cuando estás "apurado" pero sientes que tu pareja está emocionada después de un largo y duro día de trabajo, emocionalmente cerrada y fría, entonces es el momento de crear un ambiente diferente con este método. Hacer cosquillas es una buena manera de acercarte a tu ser querido de una manera humorística y, aunque algunas personas pueden encontrar las cosquillas incómodas al principio, en la mente de la mayoría de las personas es una buena manera de acercarse físicamente.

## Desayuno en la cama

A todo el mundo le gusta que su cónyuge se mude y lleve el desayuno a la cama. Este tipo de cariño, aunque sólo sea ocasionalmente, puede ser muy estimulante sexualmente. No importa si el desayuno contiene algún sabor estimulante sexual.

## Las ayudas de la vida amorosa

La mayoría de las parejas disfrutan de alguna forma de las ayudas del sexo. En este contexto, es muy importante que las parejas tengan en cuenta discutir abiertamente lo que les atrae y lo que saben más allá de los límites de la decencia. Si estas cosas no se discuten, sino que se encuentran con uno de los juguetes inesperadamente un día, puede tener un efecto negativo en la otra persona e incluso herir su sentido de la vergüenza. Por esta razón, es importante que sean honestos con lo que se le viene a la mente, pero que aun así se consideren.

**Las parejas que tienen relaciones sexuales perfectas hacen estas 6 cosas**

Cuando una relación sale de su fase de "luna de miel" y las parejas entran en una rutina, a menudo se refleja en su vida sexual.

La pasión desaparece, el sexo siempre sucede de la misma manera, ya veces al mismo tiempo.

La terapeuta de pareja y sexóloga Aysaja Mekimi revela el secreto de las parejas que tienen una vida sexual maravillosa incluso después de la fase de luna de miel.

El secreto está en estas cosas:

**Se dicen a sí mismos "te amo"**
Suena simple, pero a menudo te olvidas de decirlo cuando tienes muchas responsabilidades todos los días. Expresar amor a tu pareja es apreciar todo lo que hace por ti, y eso es exactamente lo que puede marcar una gran diferencia en una relación íntima.

**Se besan sin razón**
Cuando desaparecen las pasiones en las relaciones, las parejas tienen cada vez menos contacto físico y se besan con menos frecuencia. Los besos apasionados que duran al menos seis segundos liberan neuroquímicos que te ayudan a sentirte cerca y conectado con tu pareja.

## Salir a reuniones

Las reuniones regulares les permiten volver a ser amantes, no solo compañeros de cuarto o padres de sus hijos.

## La intimidad es una prioridad

El buen sexo no ocurre por sí solo. Las parejas que tienen una vida sexual maravillosa hacen de la intimidad una prioridad, lo que significa que aceptan el sexo como una parte importante de la relación y se toman el tiempo para hacerlo, en lugar de esperar a que suceda por sí solo.

## Se acarician

Los neuroquímicos que se liberan cuando besas a tu pareja también se liberan cuando acaricias. Intercambiar caricias te ayuda a sentirte cerca, conectado con tu pareja y también puede aumentar el deseo sexual.

## Mantener la diversidad sexual

Es importante tratar de no quedar "atascado" en la rutina sexual porque eso con el tiempo reducirá el deseo sexual y el disfrute del acto. Así que trata de cambiar la posición en la que sueles tener sexo, cambia los juegos previos, el lugar donde tienes el coito.

# Capítulo 3
# Afrodisíacos

¿Se puede estimular la sensualidad de las relaciones sexuales de forma natural?

La respuesta es sí y con alimentos que no nos son para nada desconocidos.

A lo largo del tiempo, los alimentos a los que se les atribuyen propiedades afrodisíacas suelen seleccionarse en base al principio de similitud, es decir, se asemejan a los órganos reproductores masculinos o femeninos o se consideran especialmente tónicos y fortalecedores del organismo, hasta tal punto que su acción... incita a la realización erótica. De hecho, algunos alimentos y hierbas a menudo se consideran principalmente femeninos o masculinos, en el sentido de que se adaptan más a la naturaleza masculina o femenina, especialmente para los conocedores de la medicina tradicional china y los seguidores de las filosofías orientales. Dos importantes son:

**Nuez moscada**
¿Sabes que la conocida especia hace mucho más que dar sabor a la comida? En la medicina ayurvédica india, la nuez moscada se considera un poderoso afrodisíaco que principalmente aumenta la sensualidad erótica y potencia el deseo sexual. Por eso, aunque va dirigida a ambos sexos, se adapta más a la naturaleza femenina. Sin embargo, también se puede utilizar para la erección débil de un hombre. Pero ojo, porque en grandes dosis, por encima de los 10g, es

alucinógeno y peligroso. Por eso, la forma más segura de aprovechar su acción afrodisíaca es echar, por ejemplo, una pizca (1-3g) de nuez moscada en la comida. La acción de la especia es inmediata (durante la noche).

## Núcleo de nuez

La nuez es conocida por sus propiedades tónicas. No es casualidad que a los recién casados se les dieran nueces con miel durante la ceremonia nupcial. Las nueces son como los riñones, que se consideran los órganos supremos de la sexualidad humana, porque parecen semillas. Además, la unión dentro de la nuez se parece a la unión entre dos riñones. Se cree que las nueces estimulan la energía renal, aumentando la energía sexual de una persona, especialmente las erecciones débiles.

Antes se seguir con la lista de afrodisíacos, es recomendable ver al cuerpo como un todo, como una máquina que necesita de sus revisiones, lubricación y mantenimiento. Si el cuerpo está saludable, el agregado de un afrodisíaco ocasional, lo potencia de sobremanera, y los resultados son asombrosos.

## ¿Cómo mantenerse en forma, disfrutar y mantenerse joven?

- **Eliminar el estrés**

El estrés es el enemigo número uno de la vida sexual. El estrés también tiene un efecto negativo sobre la potencia, que, en general, es un derivado de su estado general de salud.

- **Deporte**

Los deportes son necesarios para realizar una tarea súper importante: mantener un alto nivel de testosterona en la sangre. Y si hay testosterona, entonces hay juventud y una vida sexual sana. En particular, estamos interesados en ejercicios de fuerza aquí. Los científicos han descubierto que, si un hombre mayor de 60 años hace ejercicios de fuerza durante 40 minutos tres veces a la semana, el nivel de testosterona en su sangre aumenta al nivel de un hombre de 30 años en dos meses. Otras cargas tampoco están mal, pero los deportes de fuerza y en concreto aquellos ejercicios que van encaminados a aumentar la masa muscular son óptimos para la tarea de producción de testosterona. No te olvides: trabaja primero todos los grupos musculares principales: piernas, glúteos, espalda, bíceps y pectorales.

IMPORTANTE: adopta un enfoque sistemático. Establece un horario y apégate a él fielmente.

- **Dieta**

La nutrición adecuada es otra piedra angular de la función reproductiva. No se trata de una dieta "temporal", sino de una dieta diaria. Después de todo, depende del contenido de tu menú qué hormonas producirá tu cuerpo. Por eso, unos platos deben dejar paso a otros más saludables en tu mesa.

### ¿Qué alimentos se deben evitar primero?

Candidato para la salida 1 - azúcar y todo lo que contenga azúcar, así como carbohidratos de fácil digestión y, en general, alimentos con un alto índice glucémico. Los productos de panadería dulce son especialmente malos en este sentido: hay carbohidratos y sacarosa.

La cerveza es otro antagonista notorio de la testosterona. El caso es que contiene la hormona femenina estrógeno, que contrarresta la testosterona. Especialmente una gran cantidad de estrógeno en las variedades oscuras de bebidas espumosas. Es por eso que el uso sistemático de cerveza en grandes dosis conduce a una disminución en el nivel de testosterona en el cuerpo masculino, así como a la formación de una "tarjeta de visita de un bebedor de cerveza": una barriga flácida de "cerveza".

Los fitoestrógenos son hormonas femeninas derivadas de plantas que se encuentran ampliamente en una variedad de alimentos. Debes tener cuidado, en particular, con productos como:

Soya: un contenido notable de fitoestrógenos en los frijoles. Es muy posible comerlos, pero que no sea todos los días.

Leche grasa de origen animal (y, en particular, de vaca). Aquí el problema es que una cierta cantidad de estrógenos y sustancias similares se inoculan a los animales para hacer crecer su población. Por razones de seguridad, no beba más de 0,5 litros de leche al día.

Café. Por extraño que parezca, al preparar café molido natural, las sustancias vegetales que estimulan la producción de estrógeno entran en la bebida. El café instantáneo (incluso descafeinado) es aún peor en este sentido. Beba menos café preparado y olvide su contraparte instantánea.

Sal. El exceso de cloruro de sodio en su dieta tiene un efecto negativo en la producción de testosterona. Exceso, es decir, el consumo de sal en cantidades superiores a la normal, que es de unos 10-15 gramos por día (así se necesita la sal para el funcionamiento normal de todo el sistema).

## ¿Qué productos se deben preferir?

En primer lugar, presta atención a aquellos que contienen dos oligoelementos clave para la testosterona: ZINC y MAGNESIO. El zinc es importante por varias razones. Primero, es parte del receptor de andrógenos. En segundo lugar, un aumento de zinc en la dieta conduce a un aumento en el nivel de la hormona luteinizante, que apoya la producción de testosterona. En tercer lugar, el zinc actúa como protección contra la conversión de testosterona en estrógeno.

El ZINC se puede encontrar en los siguientes alimentos:

* carne - ternera, cerdo, pollo;
* mariscos - ostras, mejillones, camarones;
* productos lácteos: leche, queso mozzarella y cheddar, yogur;
* algunas legumbres: frijoles comunes, frijoles blancos, frijoles mung, garbanzos;
* avena;
* nueces;
* calabaza y semillas de lino, chía

El MAGNESIO es interesante principalmente porque aumenta la biodisponibilidad de la testosterona. En otras palabras, aumenta la cantidad que puede demandar el cuerpo. El magnesio está presente en alimentos como:

- verduras de color verde oscuro: espinacas, brócoli, col rizada;
- palta;
- pescado: salmón, atún, caballa, halibut, abadejo;
- plátanos;
- nueces: maní, anacardos, almendras;
- girasol, calabaza y semillas de lino;
- legumbres: frijoles negros y comunes, soja verde (edamame);

**Dos comentarios con respecto a la parte nutricional:**

**Primero:** Como puedes ver, algunos de los productos enumerados anteriormente, por extraño que parezca, a menudo se incluyen en las listas de dañinos o dudosos. Observa las recomendaciones dietéticas médicas y pregúntate: ¿cómo se puede recomendar ciertos tipos de alimentos y a la vez no recomendarlos? El secreto aquí, nuevamente, está en las cantidades y la frecuencia de uso. Solo haz una regla:

No hagas de ningún producto la base de la dieta.

Cambia el menú con la mayor frecuencia posible (esto también es necesario para evitar alergias alimentarias).

Come alimentos que traigan beneficios y daños en cantidades limitadas.

**Segundo**: No olvides que muchos oligoelementos, y en nuestro caso es el magnesio y el zinc, están disponibles en forma de complementos alimenticios. Se venden en cualquier farmacia en línea importante. En consecuencia, si NO estás seguro de que estás obteniendo todas las sustancias necesarias con la dieta, búscalas en forma de suplementos dietéticos.

Recuerda de una vez por todas: en el campo de la salud reproductiva, la edad no importa. El estado de ánimo interno y el perfil hormonal son importantes. Ambos se pueden corregir. Lo más importante, no te asustes. ¡Después de todo, la ciencia no se detiene! Lo que parecía una fantasía hace 20 o 30 años se ha convertido en realidad durante mucho tiempo. Entonces, sobre métodos modernos e innovadores de tratamiento. Algunos de ellos, por cierto, pueden usarse incluso cuando todo está en perfecto orden, con fines preventivos.

## BHRT

Considera el reemplazo de hormonas. Si te ajustas al sueño, a la nutrición, a la práctica de deportes, tienes un diagnóstico completo del sistema genitourinario (y no se encontraron problemas médicos obvios en base a sus resultados); tal vez el problema sea de naturaleza endocrina. En este caso, tiene sentido recurrir a la terapia de reemplazo hormonal. No te preocupes, si anteriormente la frase "terapia hormonal" causó un asombro bastante justificado en los corazones de los pacientes debido a la presencia de una serie de efectos secundarios fuertes. Ahora se lleva a cabo con microdosis de hormonas naturales (la mayoría de las veces de origen vegetal), ajustadas a las necesidades específicas de una persona. El resultado es la restauración de las funciones naturales del cuerpo, el retorno de la juventud y la potencia, prolongar una vida plena y de calidad.

## Células madre

Prueba la terapia con células madre. Con su ayuda, literalmente puedes revivir tejidos, restaurar la eficiencia de órganos y sistemas. En muchos casos, este tipo de tratamiento es capaz de darle a una persona una segunda oportunidad, rejuveneciéndola por años. También puede "reiniciar" las funciones sexuales del cuerpo.

## Soluciones de hardware

Aprovecha el hardware moderno para la prevención y el tratamiento. Sorprendentemente hay muchos de ellos, pero destacamos los siguientes.

**Terapia de ondas de choque radiales**, que da como resultado un aumento en la cantidad de vasos sanguíneos en el área genital. Esta tecnología se ha utilizado con éxito en el tratamiento de la disfunción eréctil, la prostatitis crónica, la enfermedad de Peyronie, el síndrome de dolor pélvico crónico y la hiperplasia (adenoma de próstata). El procedimiento está probado y es efectivo, adecuado tanto para personas enfermas como sanas.

**Tecnologías de hardware para fortalecer los músculos del suelo pélvico**. Se utilizan para un efecto terapéutico en el sistema genitourinario de los hombres, fortaleciendo esos músculos que son simplemente imposibles de bombear en el gimnasio. Un remedio bueno y eficaz contra la prostatitis y las perspectivas de su aparición. Esta tecnología se implementa, en particular, en el dispositivo EmSella, el líder mundial del mercado.

**La terapia de oxígeno administrada a través de una cámara hiperbárica** no solo ayuda a mantener tu cerebro, sino que también mejora tu vida sexual. Con esta tecnología mejorará el riego sanguíneo y la respiración de cada célula de tu cuerpo, lo que repercutirá positivamente en el funcionamiento del sistema genitourinario. Para tonificar el cuerpo, se recomienda recibir 3-4 sesiones de media hora por semana durante al menos un mes.

## 5 alimentos que pueden mejorar la vida sexual

Llevar un estilo de vida saludable, hacer ejercicio a diario, comer sano, relajarse y evitar en la medida de lo posible las situaciones de estrés y ansiedad serán los pilares fundamentales para conseguir una vida sexual satisfactoria.

Hay alimentos que pueden mejorar la vida sexual. El estrés, las rutinas y nuestro estilo de vida nos dificultan alcanzar una vida sexual óptima. Pero si seguimos algunos consejos para cambiar nuestros hábitos, nos sentiremos mucho más cómodos.

La vida sexual de una persona está determinada por una combinación de factores físicos, psicológicos y sociales. Es muy probable que, si estás pasando por momentos difíciles emocionalmente, entonces no sientas una necesidad tan fuerte de sexo. Para alcanzar la sexualidad plena, la salud es un elemento clave sustentado en cuatro pilares fundamentales: actividad física, buen ritmo de sueño, relajación y alimentación saludable.

Los alimentos que pueden potenciar la vida sexual tienen esta capacidad gracias a sus valores nutricionales y a su composición química. Las deficiencias nutricionales afectan directamente a la salud y, por lo tanto, también pueden crear una disminución de la libido.

Una dieta natural, rica en vitaminas y proteínas, además de beneficiar tu salud aumentará tu deseo sexual y mejorará tu relación íntima. Si por el contrario no comes sano y consumes mucha comida rápida y grasas, tendrás un nivel de energía más bajo y una circulación sanguínea disminuida. Estos son dos factores que son fundamentales para un sexo duradero y satisfactorio.

**Frutos secos para mejorar la vida sexual**
Como te he señalado al principio, las nueces contienen una cantidad increíble de energía que puede mejorar los músculos del corazón. Es necesario comer frutos secos en una dieta equilibrada. Las nueces contienen propiedades que pueden mejorar significativamente tu rendimiento sexual gracias al zinc y al magnesio.

Con ingerir un puñado de frutos secos todos los días (avellanas, cacahuetes o almendras) será suficiente para que, si por el contrario tu organismo es sensible a su efecto, puedas notarlo en tu vida sexual.

**Cacao**
El cacao es el estimulante perfecto. Está estrechamente relacionado con algunos mitos históricos que rodean la vida sexual. Es una rica fuente de fenilalaína o el "repelente del amor", que promueve

la producción de dopamina. Recuerda que la dopamina es la hormona responsable del disfrute y la felicidad.

La ingestión activa las estructuras del cerebro implicadas en el deseo sexual, ya que actúa como estimulante natural y como aminoácido precursor de la serotonina, que es una hormona que aumenta el placer durante el orgasmo.

## Frutas cítricas

Los cítricos contienen minerales y vitamina C, que contribuyen significativamente a mejorar la libido. La vitamina C alivia el estrés y la ansiedad y libera una sustancia llamada prolactina. La prolactina aumenta la cantidad de oxitocina, también llamada "hormona de la felicidad". Lo puedes encontrar en frutas como naranjas, limones, pomelos y mandarinas.

## Miel

La miel se ha utilizado desde la noche de los tiempos como un poderoso afrodisíaco y como un posible remedio para la disfunción sexual. Es un alimento con muchos beneficios nutricionales que llena tu organismo de vitalidad.

Entre sus muchas cualidades, aumenta los niveles de testosterona en sangre. La testosterona es la hormona responsable del aumento de la libido y la mejora del orgasmo, tanto en hombres como en mujeres.

El término popular "luna de miel" proviene de la antigua Babilonia, romana, egipcia e incluso de las tradiciones vikingas. En Babilonia, el padre de la novia le daba al novio cerveza con miel, que debía beberse el primer mes después de la boda. Para los egipcios era una tradición de los faraones consumir miel en los días posteriores a la boda para complacer a su nueva esposa.

En Roma, también se encontraba un tarro de miel en la mesa el primer mes después de la boda para aumentar la fertilidad. Los vikingos ingirieron una copa de vino con miel para aumentar la libido y la fertilidad.

En resumen, la miel es un gran alimento que ayuda a mantener una buena vida sexual.

## Las fresas

Las fresas contienen vitaminas C y B. Ambos sirven para promover la libido. Además, mejoran la circulación sanguínea, lo que estimula las relaciones sexuales para ambas partes.

De igual forma, las fresas sirven para estimular el sistema nervioso. Nos hacen más receptivos a todos los impulsos sexuales. No olvides que solo unas pocas frutas se consideran tan eróticas como las fresas. Los libros de cine y las series de éxito cuentan con este manjar en innumerables escenas inolvidables.

Recuerda que ningún alimento es mágico y que no cambiará milagrosamente tu vida sexual. Pero hay alimentos que pueden potenciar tu vida sexual y predisponerte a los estímulos sexuales externos.

Llevar un estilo de vida saludable, hacer ejercicio a diario, comer sano, relajarse y evitar en la medida de lo posible las situaciones de estrés y ansiedad serán los pilares fundamentales para conseguir una vida sexual satisfactoria.

"En todos los encuentros eróticos hay un participante invisible y siempre activo: la imaginación". -Octavio Paz-

**Rectas afrodisíacas**

A continuación, 10 platos que harán que tu velada de San Valentín (o cualquier noche lujuriosa) sea inolvidable. Entre ellos encontrarás gambas, canela, chocolate, fresas y nueces.

**1)    Los mejores afrodisíacos - camarones**
Reconocido como afrodisíaco debido al zinc, el selenio y la vitamina E. Estos ingredientes apoyan el trabajo de la glándula pituitaria, que controla el trabajo de las glándulas que secretan hormonas sexuales.

Los afrodisíacos más fuertes son los langostinos crudos (es necesario remojarlos en jugo de limón durante una hora) o fritos brevemente. Si no puedes comerlos como tales, puedes optar por fideos con gambas.

Receta de un afrodisíaco con gambas:

200 g de gambas
2 cucharadas de mantequilla
1-2 dientes de ajo
perejil
Un modo de preparación: Calentar la mantequilla con el ajo machacado en una sartén y añadir las gambas. Freír durante 5 minutos, luego espolvorear las gambas con perejil. Servir mientras esté chisporroteando.

## 2) Vino

Es bien sabido que el vino aumenta el deseo. Sin embargo, poco hay que decir que puedes beber una o dos copas de vino para lograr este efecto. Más vino tendrá el efecto contrario: matará la lujuria y el deseo sexual.

Elige vino semiseco tinto o rosado. Si no te gusta el sabor del vino, puedes diluirlo, por ejemplo, con agua con gas.


## 3) Chocolate

Afecta el sentido del gusto y el olfato. Es afrodisíaco gracias al contenido de sustancias psicoactivas: cafeína estimulante, teobromina y feniletilamina.

Receta para un afrodisíaco:

1 taza de crema dulce
1 barra de chocolate amargo
1 barra de chocolate con leche
1 cucharada de azúcar de vainilla
2 cucharadas de ron
Fruta favorita

Modo de preparación: Calentar la nata. Disuelva 2 barras de chocolate en él. Agrega el azúcar de vainilla y 2 cucharadas de ron. Calienta a fuego lento y revuelve (una cuchara de madera) hasta que todos los ingredientes se combinen y tengas una salsa espesa.

Sumerja trozos de fruta como fresas, mandarina, piña, melocotón o partículas de plátano en el recubrimiento.

## 4) Receta con canela

La canela no es más que corteza de canela. Debe su aroma a los aceites esenciales que mejoran la circulación sanguínea y tienen un efecto estimulante.

Receta de un afrodisíaco con vino y canela:

2 copas de vino tinto semidulce
una pizca de vainilla y canela

Preparación: Calentar ligeramente el vino y sazonar al gusto con vainilla y canela. Vierta en las dos copas y beba esta poción de amor antes de la cena.

## 5) Higos

Se supone que los higos frescos cortados por la mitad están asociados con … vaginas. Por esta razón, excitan visualmente a los hombres. Los maduros son muy dulces, y el azúcar que contienen te da energía.

Receta para un afrodisíaco con higos:

Rollo de queso de cabra tipo camembert
10-12 rodajas de jengibre en escabeche
3 higos

Modo de preparación: cortar el rollo de queso en lonchas más gruesas. Ponga un trozo de jengibre en escabeche en cada uno y cúbralo con una rodaja de higos frescos.

## 6) Fresas

Se dice que un tazón de fresas es suficiente para que las vitaminas B en ellas mejoren tu estado de ánimo. Estas frutas también contienen zinc, un elemento que tiene un impacto significativo en la libido, especialmente en los hombres.

Receta de un afrodisíaco con fresas:

Algunas fresas
uvas brillantes
bolas ahuecadas de pulpa de melón
champán rosado
brochetas

Preparación: Cortar la fruta alternativamente en brochetas. Sumérjalos durante 1-2 minutos en champán frío vertido en copas.

## 7)    Bistec

Un chuletón preparado, por ejemplo, a base de solomillo de ternera, es una fuente de proteína que estimula la producción de testosterona. Favorece, entre otros mantener el rendimiento sexual.

Receta de bistec:

2 bistecs de 2,5 cm de grosor
Aceite
sal pimienta

Un método de preparación: Poner la carne sobre la grasa caliente en la sartén. Freír usando el método durante 2 minutos por ambos lados, y luego un minuto más por cada lado. Finalmente, sazone al gusto con sal y pimienta.

## 8)  Nueces

En la antigua Roma, eran símbolo de fertilidad. Aportan vigor gracias al contenido de magnesio, vitaminas del grupo E y B.

Receta de un afrodisíaco con nueces:

Un puñado de nueces peladas
cuchara de miel

Preparación: Remojar las puntas de las nueces en miel y triturar.

## 9)  Berenjena.

Se llama la "pera del amor". En la práctica, reduce el nivel de colesterol en la sangre. En los hombres, tiene un efecto positivo para lograr y mantener una erección.

Receta de un afrodisíaco con berenjena:

1 berenjena mediana
2-3 dientes de ajo
2 tomates
2 huevos
Aceite para freír
sal
pimienta

Modo de preparación: Cortar la berenjena a lo largo por la mitad. Sal y enjuague después de 20 minutos. Ahueca un poco la carne. En una sartén caliente, sofreír el ajo machacado, los tomates picados y 2 huevos. Sazone todo con sal y pimienta. Poner el relleno sobre las mitades de berenjena y hornear durante 30 minutos en horno precalentado a 180°C.

## 10) Piña

Debe su sabor a la bromelina, una enzima que facilita la absorción de proteínas compuestas de aminoácidos. Uno de ellos es la histidina, que indirectamente hace que los vasos sanguíneos se relajen (ésta es la responsable de que se ruboricen cuando se excitan) y aumenta la producción de mucosidad en los genitales.

Receta de un afrodisíaco con piña:

1 piña fresca
10 gramos de queso Rokpol
2 puñados de nueces
2 cucharadas de aceite de oliva

Modo de preparación: Dados la piña pelada. Agregue rokpol triturado y nueces, vierta sobre el aceite de oliva y mezcle los ingredientes. Puedes condimentarlo con pimienta.

## ¿Impotencia?

La erección es un fenómeno típicamente psicosomático, es decir, uno en el que es necesaria la cooperación de la mente y el cuerpo. El estrés, las prisas, la alimentación inadecuada o la falta de actividad física pueden afectar negativamente la disposición sexual, lo que a su vez afecta a nuestra autoestima y bienestar. También el alcohol y algunos agentes farmacológicos pueden causar trastornos del aparato reproductor masculino. Entonces, ¿cómo evitar los productos químicos y aun así estar a la altura de las circunstancias y tener una vida sexual exitosa? Después de todo, los afrodisíacos naturales son más saludables que el viagra, entonces, ¿por qué no comenzar con un tratamiento en el hogar?

Hay dos métodos naturales para aumentar la libido masculina:

**Dieta y afrodisíacos caseros**
Uno de los métodos caseros para aumentar la libido, regular la presión arterial y fortalecer la elasticidad de los vasos sanguíneos responsables de la erección es la dieta. A continuación, se encuentran los regalos más populares de la naturaleza para ayudar con los problemas:

**Sandía**. Las sandías que contienen citrulina mejoran el trabajo del corazón y la eficiencia del sistema circulatorio. La citrulina se convierte en arginina, que a su vez relaja los vasos sanguíneos, preservando así los cuerpos cavernosos del pene. Sin embargo, conviene recordar que el contenido de citrulina aumenta con la parte más verde de la sandía. Por lo tanto, el menú debe expandirse ligeramente con una pulpa verdosa, que generalmente se tira a la basura.

**Granada.** Investigadores de Edimburgo han descubierto que el consumo regular de jugo de granada aumenta los niveles de testosterona en hombres de entre 21 y 64 años entre un 16 y un 30 por ciento. Las granadas también tienen un efecto de limpieza y protección en nuestro sistema urinario y previenen el cáncer de próstata, por lo que vale la pena consumirlas de forma puramente profiláctica.

**Raíz de remolacha**. Posee nitratos, convertidos por el organismo en nitritos y óxido nítrico, encargados de relajar las paredes de los vasos sanguíneos (acción similar al viagra). Las remolachas también mejoran la calidad de la sangre, activan la síntesis de cGMP (un compuesto importante en la disfunción eréctil) y reducen la presión arterial. Contrariamente a las apariencias, las personas hipertensas no muestran un mayor rendimiento sexual. Por el contrario, la presión arterial alta puede causar disfunción de los vasos sanguíneos y del sistema urinario y, por lo tanto, problemas de erección.

**Ajo**. Tal vez no todo el mundo lo sepa, ¡pero el ajo es afrodisíaco! A pesar de su olor característico, despierta el deseo sexual tanto en hombres como en mujeres. La alicina que contiene también mejora la circulación sanguínea y, por lo tanto, el funcionamiento del sistema reproductivo.

**Especias/hierbas**. Tanto el jengibre, el chile, el apio de monte, la cúrcuma y la canela tienen un efecto positivo sobre la libido y la funcionalidad del torrente sanguíneo, fortaleciendo y prolongando la erección, pero la estrella más grande en este patio es el ginseng. Esta panacea china ha gozado de una popularidad incansable durante milenios. La forma de esta raíz a menudo se comparaba con el miembro masculino, lo que podría haber dado lugar a una opinión sobre el efecto legendario de aumentar el rendimiento sexual. En ancianos y con enfermedades cardiovasculares, puede causar efectos indeseables e interactuar con otros medicamentos. ¿Cómo funciona para una persona sana en la flor de la vida? En primer lugar, mejora la salud del cuerpo, la vitalidad de los espermatozoides y la resistencia general a las enfermedades y, por lo tanto, mejora el bienestar y el funcionamiento del cuerpo.

## Viagra casero: una receta y un camino hacia la potencia

Una receta muy práctica es hervir alrededor de un litro de jugo de sandía hasta que espese y agregar jugo de limón. Esta es una buena manera de potenciar, pero debes recordar cocinar esta mezcla, sin escatimar en las pieles de sandía, que contienen la citada citrulina.

Suplementos naturales y preparaciones a base de hierbas de la farmacia.
La mayoría de los remedios naturales disponibles en el mercado contienen las verduras, frutas y hierbas antes mencionadas. Por ejemplo, las preparaciones populares contienen ginseng.

## 7 hierbas y suplementos que funcionan como viagra

No es raro encontrar formas de aumentar tu deseo sexual. Si bien algunos medicamentos, como el viagra, pueden ayudar, muchas personas prefieren alternativas naturales que estén fácilmente disponibles, sean discretas y puedan tener menos efectos secundarios.

Los estudios han demostrado que varios alimentos y suplementos pueden ayudar a aumentar la libido y tratar la disfunción eréctil. Aquí hay 7 alimentos y suplementos que pueden funcionar como las famosas pastillas azules.

## 1. Tríbulo

Tribulus terrestris es una pequeña planta de hoja caduca cuyas raíces y frutos son populares en la medicina tradicional china y ayurvédica. También está ampliamente disponible como suplemento deportivo y se comercializa ampliamente para aumentar los niveles de testosterona y mejorar el deseo sexual. Aunque los estudios en humanos no han encontrado que pueda elevar los niveles de testosterona, parece aumentar el deseo sexual tanto en hombres como en mujeres. Sin embargo, los estudios en hombres con disfunción eréctil muestran resultados mixtos.

## 2.Maca

La maca (Lepidium meyenii ) es un tubérculo utilizado tradicionalmente para aumentar la fertilidad y el deseo sexual. Puedes comprar suplementos en una variedad de formas, incluidos polvos, cápsulas y extractos líquidos. El estudio de 12 semanas encontró que el 42 por ciento de los hombres que tomaron entre 1500 y 3000 mg de maca al día experimentaron un aumento del deseo sexual. Además, en una revisión de 4 estudios en los que participaron 131 personas, el consumo constante de maca durante al menos 6 semanas mejoró el deseo sexual. También ayudó a tratar la disfunción eréctil leve en los hombres.

## 3. Ginseng rojo

El ginseng, y el ginseng rojo en particular, pueden ayudar con la libido baja y mejorar la función sexual. Un estudio de 20 semanas de 32 mujeres menopáusicas encontró que tomar 3g de ginseng rojo al día mejoró significativamente el deseo y la función sexual en comparación con el placebo. Además, el ginseng rojo puede aumentar la producción de óxido nítrico, un compuesto que favorece la circulación sanguínea y ayuda a relajar los músculos del pene.

## 4. Fenogreco (Alholva)

La alholva es una hierba popular en la medicina alternativa que puede ayudar a aumentar la libido y mejorar la función sexual. Contiene compuestos que tu cuerpo puede usar para producir hormonas sexuales, como el estrógeno y la testosterona. En un estudio de 6 semanas en 30 hombres, se descubrió que la suplementación con 600 mg de extracto de fenogreco al día aumentaba la fuerza y mejoraba la función sexual. De manera similar, un estudio de 8 semanas en 80 mujeres con libido baja mostró que tomar 600 mg de fenogreco al día mejoró significativamente la excitación y el deseo sexual en comparación con el grupo de placebo.

## 5. Azafrán

El azafrán es una deliciosa especia derivada de la flor Crocus sativus. Sus muchos usos tradicionales van desde reducir el estrés hasta actuar como afrodisíaco, especialmente para las personas que toman antidepresivos. De manera similar, en un estudio de 4 semanas que involucró a 36 hombres que luchaban con el deseo y la agitación asociados con los medicamentos antidepresivos, tomar 30 mg de azafrán al día mejoró significativamente la función eréctil en comparación con tomar un placebo.

## 6. Ginkgo japonés

Ginkgo biloba es un suplemento herbal popular en la medicina tradicional china. Puede tratar varios problemas, incluida la disfunción sexual, como la disfunción eréctil y la libido baja, ya que puede elevar los niveles de óxido nítrico en la sangre, lo que ayuda al flujo sanguíneo al promover la vasodilatación. Sin embargo, los estudios en humanos muestran resultados mixtos en sus efectos.

## 7. L-citrulina

L-citrulina es un aminoácido producido naturalmente por el cuerpo. Luego, su cuerpo lo convierte en L-arginina, que ayuda a mejorar el flujo sanguíneo al producir óxido nítrico para dilatar los vasos sanguíneos. Esto, a su vez, puede tratar la disfunción eréctil. Por ejemplo, un pequeño estudio mensual de 24 hombres con disfunción eréctil leve encontró que tomar 1,5 g de L-citrulina al día mejoró significativamente los síntomas en el 50 % de los hombres participantes.

Recuerde que algunos de estos productos y suplementos que aumentan la libido pueden interactuar con ciertos medicamentos. Si está tomando medicamentos, debe consultar a un médico con anticipación

# Capítulo 4
# Sexo en la vejez

Cuando tienes veinte años, piensas que la gente de cuarenta –que ya está en el montón de chatarra - ya casi no puede tener una vida sexual excitante.

Cuando llegas a los cuarenta, estás convencido de que nunca has estado sexualmente de mejor humor que ahora. Al mismo tiempo, uno está seguro que la gente de sesenta años está en el límite de su salud sexual.

Tan pronto como llegas a los sesenta, pellizca aquí y allá, pero el deseo sexual permanece intacto. Probablemente -así se sospecha- son los octogenarios los que han llegado a la vida sin sexo.

A los ochenta, surge la pregunta de cómo uno podría creer en una vida sin pensar en el sexo.

Así que el sexo siempre jugará un papel en nuestras vidas. Sin embargo, el cuerpo y con él el sexo y los pensamientos sobre el sexo cambian mucho a lo largo de la vida, por lo que el sexo en la vejez suele ser completamente diferente.

**Después de los 50 - Es hora del mejor sexo de tu vida**

Los años "jóvenes" suelen ser sobre rendimiento, resistencia y firmeza, intentas tantas cosas como sea posible, ya sea en términos de número de parejas, posiciones sexuales o prácticas sexuales. El sexo cambia con la edad, de hecho, después de los 50 llega el momento del mejor sexo de la vida.

La presión por un desempeño insuperable ya no existe cuando se trata de sexo en la vejez. En cambio, la atención se centra en el amor por la pareja y el deseo de pasar buenos momentos. La ternura se destaca más y menos la necesidad de correr hacia el clímax lo más rápido posible.

La anticoncepción ya no es un problema cuando se trata de sexo en esta etapa de la vida, lo que conduce a una nueva libertad e informalidad.

Todo podría ser tan hermoso si no fuera por el cuerpo, que poco a poco comienza a debilitarse y sigue poniendo obstáculos en el camino de la lujuria. Por lo tanto, el sexo puede convertirse a menudo en un problema.

## Menopausia: piedra de tropiezo para el sexo en la vejez

La menopausia no es necesariamente un estado de debilidad, pero los años de cambios hormonales a menudo representan un verdadero desafío, tanto para la mujer como para su relación. Los cambios de humor, la sequedad vaginal y muchas otras dolencias pueden acompañar a la menopausia. Ni la irritabilidad, ni los sofocos y, desde luego, tampoco unas mucosas vaginales secas consiguen alimentar el deseo sexual. Todo lo que falta es una pareja que no comprende y tu vida amorosa está muerta por el momento.

Si luego surge otro problema de salud (diabetes, presión arterial alta, problemas de tiroides) o tu pareja también está luchando con las primeras dolencias, la mejora de la situación y, por lo tanto, el sexo en la vejez parece estar muy lejos.

## Enfermedades que pueden afectar el sexo en la vejez

La diabetes, la presión arterial alta, la gota, los problemas cardiovasculares, la debilidad de la vejiga y muchos otros suelen salir a la luz a partir de cierta edad. La mayoría de estas enfermedades crónicas comunes son los mayores enemigos del sexo exitoso y placentero. Influyen inmediata y masivamente no sólo en el estado general, sino también en la salud de los genitales y en el desarrollo de la libido personal (deseo sexual).

## La diabetes interfiere con la vida sexual

La disfunción eréctil (impotencia) ocurre en muchos hombres diabéticos como uno de los efectos secundarios más importantes. Esta enfermedad puede conducir a trastornos circulatorios, nerviosos y hormonales. Los tres factores tienen un gran impacto en el sexo en la vejez. Porque si el equilibrio hormonal está alterado y los órganos sexuales ya no reciben la sangre adecuada o sus nervios ya no funcionan, entonces las sensaciones placenteras desaparecen rápidamente y las erecciones se vuelven erráticas.

No es muy diferente para las mujeres con diabetes. Sufren desproporcionadamente a menudo de una pérdida de libido y dificultades para tener un orgasmo.

## Problemas en las articulaciones

Los problemas articulares como la artrosis y la artritis están muy extendidos y, por lo tanto, también son frecuentes opositores al sexo. Los problemas en las articulaciones no solo lo inmovilizan, sino que también pueden causar un dolor enorme.

Es por eso que muy pocas personas que están en medio de un ataque de artritis o que solo pueden moverse con dolor como resultado de la osteoartritis piensan en el sexo.

## El colesterol alto afecta la potencia y la libido

Tener relaciones sexuales en la vejez se ve afectado negativamente por los niveles altos de colesterol. Como es bien sabido, los niveles elevados de colesterol pueden provocar depósitos de grasa en los vasos sanguíneos, vasoconstricción (arteriosclerosis) y, por lo tanto, trastornos circulatorios. Este último, por supuesto, también en los órganos sexuales, lo que impide una erección en los hombres y reduce la intensidad de las sensaciones en las mujeres. Ambos no son precisamente favorables para el sexo.

## Las enfermedades de la tiroides interrumpen tu vida sexual

Una glándula tiroides enferma, especialmente el hipotiroidismo, puede mantener constantemente a raya tanto la libido como a la potencia sexual.

## Sobrepeso

La obesidad no solo inmoviliza y, hasta cierto punto, no es apta para todos los placeres de la mayoría de las posiciones de Kamasutra, sino que también se considera un factor de riesgo para muchos de los problemas ya enumerados.

Ya sea el colesterol alto, la diabetes o la presión arterial alta que se mencionan a continuación, la obesidad suele ser el punto de partida. Si, por el contrario, se reduce el exceso de peso, los síntomas a menudo vuelven a desaparecer sin ser notados, y con ellos también los problemas de potencia y libido. Las posibilidades de un gran sexo en la vejez son mejores cuanto antes se derrita el exceso de peso.

Los problemas de próstata impiden tener relaciones sexuales. Por supuesto, el agrandamiento de la próstata, que está muy extendida en la vejez, también es una razón común para los problemas de potencia sexual.

## Presión arterial alta

La presión arterial alta también es desfavorable para el sexo en la vejez y una vida amorosa satisfactoria. La presión arterial alta puede dañar los vasos sanguíneos del pene y provocar impotencia. Mucho más a menudo, sin embargo, no es la presión arterial alta en sí misma lo que hace que el sexo sea cada vez menos común en la vejez, sino las drogas que no solo reducen la presión arterial, sino también el deseo, en hombres y mujeres.

## La impotencia y la pérdida de la libido a causa de las drogas

Entonces, incluso si las enfermedades mencionadas dejan intacta la vida sexual, no es raro que los golpes de gracia los den las drogas que se suministran para tales dolencias. Los medicamentos también pueden tener un gran impacto en el rendimiento sexual y/o la libido. Estos incluyen medicamentos para la diabetes, gota, depresión, problemas cardíacos (diuréticos), algunos problemas gastrointestinales, agrandamiento benigno de la próstata e incluso pérdida de cabello. Incluso los analgésicos como el ASS y el ibuprofeno, que se usan para tratar el reumatismo, entre otras cosas, y una serie de medicamentos para reducir el colesterol pueden reducir gravemente la potencia y la libido.

Si consideras ahora cuántas personas mayores de cincuenta o sesenta años toman uno o más de los medicamentos mencionados, entonces nadie debería sorprenderse más acerca de los trastornos de la erección y la libido que están muy extendidos en este grupo de edad.

Así que el sexo en la vejez a menudo solo parece ser posible si la industria farmacéutica lo permite.


## ¿Ayuda la píldora azul?

Por supuesto, ahora puedes encogerte de hombros felizmente y decirte a ti mismo, ¿sexo en la vejez? ¡No hay problema!

Sildenafil, sin embargo, no es popular para muchas dolencias relacionadas con la edad. La sustancia no debe usarse, especialmente en el caso de diabetes o después de una cirugía de próstata, sin mencionar sus efectos secundarios.

Otra alternativa es ponerse manos a la obra con una bomba de vacío y un anillo de goma. Cualquier persona a la que le gusten las inyecciones también puede administrarse una inyección de medicamentos que mejoran la circulación sanguínea directamente en el pene poco antes del acto. Y cuando todo lo demás falla, se puede implantar una bomba en el escroto y una prótesis de silicona en el lugar santísimo. Con la bomba, bombea líquido a su nuevo pene de silicona y está listo para comenzar.

**Evita los problemas de la vejez: salva la vida amorosa**

Quizás todo esto no te suena tan atractivo y preferirías poder disfrutar de tu vida amorosa y sexo en la vejez en paz, sin pastillas, sin médico y sin bomba.

Bueno, en realidad puedes salvar tu vida amorosa simplemente evitando en gran medida los llamados problemas habituales de la vejez. De esta manera, no solo te escapas de las consecuencias de hostilidad sexual de estas enfermedades, sino también de los medicamentos que se prescriben para la diabetes y similares, que son perjudiciales para la potencia y la libido. Ya no tienes que preocuparte por pastillas azules o bombas de pene.

## Medidas holísticas contra las quejas de la vejez

Sea cual sea tu problema, siempre es importante tener una dieta adecuada rica en sustancias vitales, una flora intestinal sana, suficiente ejercicio al aire libre, suficiente vitamina D y programas regulares de desintoxicación.

¿Te gustaría hacer que tu vida amorosa sea más hermosa y satisfactoria en este momento, a pesar de los problemas de salud? Tal vez te estés perdiendo el golpe decisivo que tantos remedios naturales tienen reservado para ti.

## Remedios naturales para el mejor sexo en la vejez

Los suplementos dietéticos especiales pueden tener un efecto extremadamente positivo en aquellas funciones corporales que son responsables de la potencia y la libido y, por lo tanto, del sexo exitoso.

Estos incluyen, Maca, capsaicina, el aminoácido arginina o el extracto de azafrán amarillo dorado.

## Azafrán contra la disfunción eréctil

El extracto de azafrán tiene un efecto energético de la potencia, en particular cuando se produce disfunción eréctil como efecto secundario de los antidepresivos.

Incluso con 15 mg de extracto de azafrán dos veces al día, los problemas de potencia desaparecieron en el 60 por ciento de los hombres que participaron en el estudio correspondiente.

En las mujeres, la misma dosis de azafrán aumenta la producción de líquido lubricante a partir de las cuatro semanas, por lo que se puede paliar la posible sequedad vaginal.

Y como el azafrán también tiene efectos antidepresivos, en algunos casos también puede ayudar a reducir la dosis de antidepresivos administrados.

## El hongo medicinal Cordyceps aumenta la potencia decreciente

El hongo medicinal Cordyceps también es un suplemento natural que puede mejorar tu vida sexual. Cordyceps aumenta la libido y la potencia de varias maneras y, por lo tanto, era EL remedio para los hombres ricos en la antigua China en el pasado, que solo ingresaban a su harén con una buena dosis de Cordyceps.

Luego, estudios científicos modernos demostraron en unos pocos cientos de hombres que luchaban contra la disfunción eréctil que Cordyceps podía ayudar al 64 por ciento de estos hombres a recuperar su potencia. En el grupo de placebo, fue solo el 24 por ciento.

El hongo medicinal Cordyceps tiene un efecto específico sobre los órganos sexuales (testículos, pene y útero). Por ejemplo, aumenta el flujo sanguíneo en el pene, lo que favorece la erección, mejora la producción de semen y regula el equilibrio de las hormonas sexuales.

Pero no importa cuántos suplementos dietéticos o medicamentos para aumentar la potencia tomes, tu vida amorosa solo funcionará perfectamente si has descifrado el secreto de la comunicación con tu pareja.

## ¡Comunícate con tu pareja!

Incluso si se pierde la erección o hay sequedad vaginal en las mujeres, todo esto no significa automáticamente el final de una vida amorosa satisfactoria y buen sexo en la vejez. ¡Hay una solución para casi todo! La receta secreta es, ante todo: ¡comunicación!

¿Cómo sabrá tu pareja que estás experimentando dolor por la sequedad vaginal durante las relaciones sexuales si no se lo dices? ¿Cómo se supone que tu pareja lo entienda y te responda cuando te retiras deprimido debido a tu erección no tan dura pero no quieres hablar de eso?

Así que comunícate y luego encuentren soluciones juntos para un sexo satisfactorio en la vejez.

## Encontrar soluciones juntos

En una pareja, ninguno de los dos está bajo presión para hacer esto o aquello durante el sexo. En una pareja hay una confianza profunda, que es la base para un sexo maravilloso, incluso si la pareja es mayor e incluso si hay problemas físicos. Por ejemplo, pueden buscar conjuntamente formas de tener sexo con éxito y disfrutarlo de manera relajada a pesar de las dolencias físicas.

## El lubricante adecuado

La sequedad vaginal a menudo se interpone en el camino del placer sexual en la vejez. Sin embargo, podrías probar un lubricante natural (a base de agua) con tu pareja para ayudar a combatir la sequedad vaginal.

Una dieta rica en betacaroteno o vitamina A también tiene un efecto muy beneficioso sobre las membranas mucosas vaginales y su capacidad para producir humedad. Además, existen numerosas formas naturopáticas de regular suavemente el equilibrio hormonal.

## La posición correcta para el sexo en la vejez.

¿Tal vez solo se necesita una posición nueva y más cómoda para poder ser sexualmente activo a pesar de los problemas de espalda? Prueba posiciones que requieran menos esfuerzo para ambos. Con dolores articulares y musculares que pueden volverse más comunes a medida que envejecemos, encontrar una posición adecuada para ambos puede ser un desafío. Sin embargo, el uso de almohadas como base para zonas del cuerpo seleccionadas puede brindar la relajación deseada y brindar a ambos en la pareja más placer al hacer el amor. El sexo en la vejez a menudo se puede mejorar significativamente con métodos muy simples.

## ¿Qué hacer si no tienes una erección?

Si no hay erección al principio, la mujer también puede empujar el pene hacia adentro, incluso si es pequeño y flácido. Con movimientos sensibles, a menudo crece hasta alcanzar su tamaño completo. ¿Y si no? Entonces te quedas relajado y sin expectativas. Después de todo, hay muchas más formas de darse satisfacción mutuamente que simplemente tener relaciones sexuales.

¿Qué tal, por ejemplo, métodos que hasta ahora han sido inusuales para ti? El sexo oral o la destreza practicada pueden llevarte al séptimo cielo sin que se vea una erección a lo largo y ancho. Sí, las mujeres que se quejan de sequedad vaginal a menudo estarían encantadas si no se produjera la penetración y, en cambio, podrían divertirse en otro lugar.

A menudo, la cercanía física con la pareja, la sensación de su piel desnuda y las caricias mutuas es un placer tan único y llena de tanto amor y alegría por la presencia del otro que la necesidad de penetración pasa completamente a un segundo plano.

## El entrenamiento del suelo pélvico ayuda a hombres y mujeres

Para estimular el sexo en la vejez a largo plazo, el entrenamiento del suelo pélvico articular es una buena idea. Los ejercicios del piso pélvico ayudan a los hombres a tener eyaculaciones más fuertes y un mejor control del pene, mientras que las mujeres pueden usar los ejercicios para controlar la debilidad de la vejiga y mantener la vagina sana y apretada.

## ¡Manténgase sexualmente activo!

Además, ¡manténgase sexualmente activo si es posible! Tanto para hombres como para mujeres, el sexo regular tiene efectos positivos en el corazón y el sistema inmunológico, asegura un mejor sueño, una presión arterial saludable y, por supuesto, un mejor estado de ánimo.

En los hombres, también mejora el flujo de sangre a los genitales y disminuye el riesgo de desarrollar cáncer de próstata. En las mujeres, el sexo regular ayuda a mantener la elasticidad vaginal y la capacidad de experimentar el orgasmo. Esto previene el sexo doloroso, que a menudo se ve después de una inactividad sexual prolongada.

Cuando pienses en este consejo, no pienses solo en encuentros sexuales salvajes en pareja. Masturbarse, con toda comodidad y solo con la persona que mejor sabe lo que es bueno para ti (usted mismo), también pertenece a la categoría de actividades sexuales.

## Requisito previo para el buen sexo en la vejez: salud y estrecha colaboración

Puedes ver que el deseo de sexo perfecto a medida que envejeces puede requerir mucho esfuerzo de tu parte, y eso es algo bueno. Porque todas las medidas que te ayudarán a tener un gran sexo incluso en tu boda de diamantes tienen un efecto positivo en todo tu cuerpo. Te mantienes delgado, deportivo, atractivo y, por último, pero no menos importante, mentalmente en forma.

Por lo tanto, son en su mayoría aquellas personas que disfrutan de una vida sexual plena hasta la vejez, que se han dedicado a un estilo de vida saludable durante muchas décadas, que pasan menos tiempo en el médico de familia y en cambio disfrutan del deporte y la alimentación saludable.

Son personas que también valoran una relación íntima con su pareja y no solo practican el sexo como un programa obligatorio o para satisfacción personal. Ambos juntos, la salud y una asociación amorosa y sincera, crean el requisito previo para realizar el sexo en la vejez, a los cincuenta, sesenta, setenta y también a los ochenta o noventa.

## ¿Qué tan saludable es el sexo en la vejez?

El sexo se considera saludable, en realidad. Las relaciones sexuales estimulan el sistema circulatorio y provocan una verdadera avalancha de hormonas. Especialmente en la vejez, esto se consideraba anteriormente un efecto de entrenamiento positivo para el cuerpo. Pero un estudio estadístico sugiere que el sexo regular y placentero es muy bueno para el sistema cardiovascular en mujeres mayores. Sin embargo, se debe tener la precaución, ya que el hombre mayor con una vida sexual activa tiene un riesgo significativamente mayor de ataques cardíacos y presión arterial alta.

Las relaciones sexuales ponen a nuestro cuerpo en un verdadero estado de emergencia. El corazón late más rápido, las venas se dilatan y todo el metabolismo se acelera. Al mismo tiempo, nuestras glándulas endocrinas funcionan a toda velocidad: liberan hormonas sexuales, endorfinas, la "hormona de la felicidad" dopamina y la "hormona de los abrazos" oxitocina, lo que nos pone de buen humor y excita nuestros cuerpos. El sexo y el orgasmo no solo son buenos para nuestra psique, también tienen un efecto positivo en la salud, similar al entrenamiento deportivo. De acuerdo con la suposición común, el sexo regular actúa como una fuente de juventud, especialmente en las personas mayores, también porque las hormonas sexuales se liberan cada vez más, y solo están escasamente disponibles en la vejez.

En un estudio transversal, Hui Liu de la Universidad Estatal de Michigan y sus colegas verificaron si esto es realmente cierto. Para ello, evaluaron los datos de 2.204 participantes en un estudio a largo plazo. Al comienzo del estudio, las mujeres y los hombres tenían entre 57 y 85 años y se sometieron a un examen médico detallado tanto al principio como cinco años después. En los cuestionarios y entrevistas adjuntas, los participantes declararon regularmente con qué frecuencia y cuán satisfactoria e intensamente tenían relaciones sexuales. Para su estudio, Liu y sus colegas examinaron si había una conexión entre la frecuencia de las relaciones sexuales en la vejez y parámetros como la presión arterial, la frecuencia cardíaca, el estado vascular y la aparición de eventos como ataques cardíacos, accidentes cerebrovasculares o arritmias cardíacas.

**Bueno para las mujeres, pero no para los hombres.**

El resultado sorprendente: el sexo en la vejez no parece ser tan saludable para todos como se pensaba anteriormente. En cambio, las relaciones sexuales regulares afectan a hombres y mujeres mayores de manera significativamente diferente.

"Sorprendentemente, los hombres mayores que tienen relaciones sexuales una vez a la semana o más tienen casi el doble de probabilidades de desarrollar problemas cardiovasculares que los hombres sexualmente inactivos de su edad", dijo Liu. Si los hombres encontraron que el sexo era particularmente satisfactorio y placentero, su riesgo de ataques cardíacos, presión arterial alta o accidentes cerebrovasculares también era más alto que con una experiencia sexual más bien escasa. Los investigadores sospechan que esto podría estar relacionado con el hecho de que los hombres mayores son más propensos a esforzarse demasiado durante las relaciones sexuales. "Debido a que los hombres mayores tienen más problemas para llegar al orgasmo, se esfuerzan más y, por lo tanto, crean más estrés en su sistema cardiovascular", explica Liu. En consecuencia, el sexo con moderación no es un problema, pero si es demasiado frecuente y demasiado placentero, entonces esto puede ejercer demasiada presión sobre el cuerpo. "Por lo tanto, los médicos deberían hablar con sus pacientes varones mayores sobre el riesgo de una actividad sexual vigorosa".

Para las mujeres, por otro lado, el sexo en la vejez aparentemente es en realidad una fuente de salud: en el estudio, las mujeres que habían tenido relaciones sexuales regulares y satisfactorias en los cinco años anteriores tenían un menor riesgo de presión arterial alta. Los investigadores sospechan que esto se debe en parte a las hormonas sexuales femeninas que se liberan durante las relaciones sexuales. Por otro lado, el efecto generalmente positivo de una relación también juega un papel importante. "Por lo tanto, tenemos buenas noticias para las mujeres: una buena sexualidad activa podría salvarlas de enfermedades cardiovasculares en la vejez", dice Liu. "En general, nuestros resultados contradicen la suposición generalizada de que el sexo en la vejez trae beneficios para la salud de todos". Por supuesto, como suele ser el caso, lo mismo se aplica aquí: Cada persona es diferente y ciertamente depende de la condición básica de salud. Sin embargo, el lema podría tender a aplicarse a los hombres mayores: menos es más.

# Capítulo 5
## Eyaculación precoz y rendimiento

**Ansiedad de rendimiento en el sexo**

La ansiedad por el desempeño es causada principalmente por pensamientos negativos y puede estar relacionada con el sexo en sí o simplemente con la rutina diaria.

Pensar en el sexo como una especie de actuación en la que el público te mira, te evalúa y te califica es muy malo para el alma.

El sexo es mucho más que la reacción del cuerpo al tacto. Las emociones también juegan un papel importante, por lo que el estrés puede afectar negativamente la experiencia.

Esta mentalidad particular puede hacer que las personas se vuelvan demasiado conscientes, autocríticas y ansiosas durante las relaciones sexuales y, posteriormente, experimenten disfunción eréctil, sequía, eyaculación precoz o dificultad en el orgasmo. A esto lo llamamos ansiedad de desempeño.

**Causas de la ansiedad por el rendimiento**

La ansiedad por el desempeño es causada principalmente por pensamientos negativos. La ansiedad puede estar relacionada con el sexo mismo; el miedo a no poder tener una erección, a no mojarse, a que le cueste conseguirlo, a no poder satisfacer al cónyuge, etc. Entonces la ansiedad puede ser por

razones completamente diferentes que no tienen nada 
que ver con el sexo.

Otras causas pueden ser, por ejemplo, el trabajo, las 
finanzas del hogar, los hijos, las 
relaciones/comunicación, etc.

El primer paso es tratar de ordenar nuestros 
pensamientos para que podamos descubrir dónde está 
realmente el problema.

La ansiedad por el desempeño es considerablemente 
más común entre los hombres de lo que ellos piensan, 
y la disfunción eréctil es uno de los principales 
problemas sexuales en el mundo.

La ansiedad por el desempeño no es tan común en las 
mujeres, pero aun así puede tener un efecto 
significativo en su deseo sexual. La ansiedad puede 
impedir que las mujeres se mojen lo suficiente como 
para tener relaciones sexuales satisfactorias, y esto en 
sí mismo puede reducir en gran medida el deseo 
sexual.

**¿Por qué estoy experimentando ansiedad por el 
rendimiento?**

Se pueden considerar varios factores:

• Miedo a no hacerlo lo suficientemente bien y no 
poder satisfacer a tu pareja.
• Baja autoestima.
• Dificultades en la relación.
• Miedo a la eyaculación precoz.
• Miedo a la eyaculación retardada.

• Preocupación por no llegar al orgasmo o no disfrutar en absoluto de la experiencia.

La conciencia sexual es importante. Simplemente significa que nos enfocamos en una o todas las emociones placenteras que estamos experimentando en un momento dado; tacto, sonido, olfato, gusto, etc. Al concentrarnos solo en lo que deseamos en ese momento, podemos experimentar más emoción, pasión y bienestar.


## ¿Cómo lidiar con la ansiedad?

Hay varias formas de lidiar con la ansiedad por el desempeño. Si tu ansiedad está causando un problema de erección, los siguientes elementos pueden ayudar.

• Meditación.
• Terapia del habla para manejar el estrés, la depresión y otras preocupaciones de la vida.
• Educación sobre el sexo y el comportamiento sexual.
• Asesoramiento sexual.
• Cambios en el estilo de vida, como hacer más ejercicio y comer alimentos más saludables.
• Ser abierto acerca de tus preocupaciones y ansiedades con tu pareja.
• Despejar la cabeza de pensamientos negativos.
• Evitar/eliminar los elementos estresantes de tu vida.
• Tomarse un tiempo en la cama, esto no es una carrera.
• Concentrarse en lo que puedes hacer, no en lo que crees que deberías hacer.

• No te definas solo por el orgasmo. No siempre tiene que ser el objetivo final. Es posible disfrutar del sexo, aunque "no termines".

• Respétate a ti mismo y, por supuesto, a tu pareja sexual.

• En cambio, desvía tu pensamiento hacia las cosas buenas de la vida, como tus pensamientos, tus fantasías y tus emociones.

• Agradece la alegría que puedes sentir a pesar de no poder terminar.

Si la ansiedad por el rendimiento está empeorando busca atención médica. Cuanto antes lo hagas, antes podrás adoptar una técnica que funcione con los pensamientos negativos, los miedos y las ansiedades. Al consultar a un médico de familia, también puedes descartar la posibilidad de un problema físico.

## Los trastornos del sueño pueden causar problemas de erección

Los problemas o trastornos de sueño también tienen un efecto directo en el sexo de los hombres. Dormir muy poco puede reducir el conteo de espermatozoides y los problemas de erección son más comunes en los hombres que a menudo se despiertan por la noche, por ejemplo, en aquellos que tienen un sueño sofocante. En ambos casos, la producción de la hormona sexual testosterona se reduce. Por lo tanto, está claro que dormir bien juega un papel muy importante en la fertilidad masculina y la salud sexual.

El sueño y el sexo son parte de la necesidad básica de una persona, pero a pesar de que últimamente ha habido mucha conciencia, pocas personas parecen vincular estos dos importantes factores. Por lo tanto, todavía se oculta mucho sobre la interacción entre ellos. Sabemos, sin embargo, que un buen y adecuado sueño es una parte fundamental del bienestar de un individuo, reduce el riesgo de diversas enfermedades y puede aumentar en gran medida la felicidad en la vida, por ejemplo, al mejorar la vida sexual.

## Eyaculación precoz, ¿qué es?

La eyaculación precoz o prematura es, junto con la disfunción eréctil (problemas de erección), el trastorno sexual masculino más común. Sus causas son variadas: pueden ser psicológicas, conductuales, neurobiológicas o genéticas.

Si bien las definiciones varían según el país y la sociedad médica, todas coinciden en tres puntos. La eyaculación precoz resulta en:

•	Eyaculación que ocurre demasiado rápido, antes de que el hombre o su pareja lo deseen, sistemáticamente o con mucha frecuencia;
•	Una incapacidad para "retener" o controlar la eyaculación;
•	Efectos psicológicos negativos.

Sin embargo, debe enfatizarse que la eyaculación precoz, durante la primera relación sexual o una nueva relación, es normal. Solo se vuelve problemático si persiste y constituye una verdadera vergüenza.

Se debe distinguir entre:

**Eyaculación precoz primaria**
Está presente en todas las relaciones, con diferentes parejas, a lo largo de la vida.

**Eyaculación precoz secundaria o adquirida**
Aparece cuando no estuvo presente en relaciones sexuales anteriores. Por lo general, se asocia con una enfermedad subyacente, como la prostatitis, un trastorno eréctil o neurológico, o un problema psicológico.

## ¿Quién se ve afectado por la eyaculación precoz?

Según numerosos estudios, la eyaculación precoz afecta al 20-30% de los hombres.

Sin embargo, es difícil obtener cifras precisas, especialmente porque la definición diagnóstica se ha mantenido vaga durante mucho tiempo. Además, muy pocos hombres que se consideran afectados por este trastorno consultan a un médico por este motivo.

Según la ISSM (Sociedad Internacional de Medicina Sexual), la prevalencia de la eyaculación precoz varía entre un 3 y un 30% según los estudios.

**Causas de la eyaculación precoz**

Ahora sabemos que la eyaculación precoz, que durante mucho tiempo se ha considerado un trastorno puramente psicológico, también está relacionada con trastornos neurobiológicos y/o susceptibilidad genética. Las causas exactas, sin embargo, son desconocidas.

Varios factores biológicos podrían promover este trastorno, incluidos:

• Hipersensibilidad del glande;
• Hiperexcitabilidad del reflejo de eyaculación;
• Trastornos de la transmisión de mensajes nerviosos en el cerebro o hipersensibilidad de ciertos receptores nerviosos (en particular, receptores de serotonina);
• Inflamación de la próstata (prostatitis crónica);
• Anomalías de la glándula tiroides (hipertiroidismo);
• Una enfermedad neurológica, como la esclerosis múltiple.

Ningún estudio a gran escala ha demostrado todavía claramente el papel de una u otra de estas causas neurobiológicas. Parece obvio que ciertos factores psicológicos y ambientales también juegan un papel.

## Evolución y posibles complicaciones de la eyaculación precoz

La eyaculación precoz no es una enfermedad en sí misma. Es un trastorno que sólo se vuelve problemático si es motivo de vergüenza, incomodidad o angustia para quien lo padece o para su pareja.

Así, las consecuencias psicológicas de la eyaculación precoz pueden ser muy negativas, tanto para el sujeto como para la pareja. Los hombres que la padecen pueden desarrollar síntomas de depresión, ansiedad e incluso retraerse en sí mismos evitando las relaciones románticas o sexuales.

Por eso es importante hablar de ello, sobre todo porque existen soluciones, médicas o no.

## Síntomas de la eyaculación precoz

La Sociedad Internacional de Medicina Sexual (ISSM) ha publicado recomendaciones para el diagnóstico y tratamiento de la eyaculación precoz. Según estas recomendaciones, la eyaculación precoz presenta los siguientes síntomas:

• La eyaculación siempre o casi siempre ocurre antes de la penetración intravaginal o dentro de un minuto después de la penetración;
• Hay una incapacidad para retrasar la eyaculación con todas o casi todas las penetraciones vaginales;
• Esta situación acarrea consecuencias negativas, como angustia, frustración, vergüenza y/o evitación de las relaciones sexuales.

Según el ISSM, no hay suficientes datos científicos para extender esta definición a las relaciones sexuales no heterosexuales o relaciones sexuales sin penetración vaginal. Varios estudios muestran que entre los hombres con eyaculación precoz permanente:

• El 90% eyacula en menos de un minuto (y del 30 al 40% en menos de 15 segundos);
• El 10% eyacula entre uno y tres minutos después de la penetración.

•	Finalmente, según el ISSM, el 5% de estos hombres eyaculan involuntariamente incluso antes de la penetración.

## Personas con riesgo de eyaculación precoz

A diferencia de la disfunción eréctil, la eyaculación precoz no aumenta con la edad. Por el contrario, tiende a disminuir con el tiempo y la experiencia. Es más común en hombres jóvenes y al inicio de una relación con una nueva pareja.

## Factores de riesgo de la eyaculación precoz

Varios factores pueden promover la eyaculación precoz:

•	Ansiedad (incluida la ansiedad por el desempeño);
•	Tener una nueva pareja;
•	Baja actividad sexual (poco frecuente);
•	Abstinencia o abuso de ciertos medicamentos o drogas (incluyendo opiáceos, anfetaminas, drogas dopaminérgicas, etc.)
•	Abuso de alcohol

## Tratamientos para la eyaculación precoz

Muy a menudo, cuando la eyaculación precoz es transitoria o insignificante, el tratamiento se basa principalmente en consejos psicosexuales. Así, varias medidas o técnicas pueden ayudar a retrasar el momento de la eyaculación, entre ellas:

•        Haga que la pareja estimule el pene hasta que la eyaculación sea inminente, luego haga una pausa para enfriar la excitación antes de continuar.

•        Ejercer presión manual en la base del glande durante el coito ("apretar"), cuando se sienten los signos de la eyaculación. Es recomendable presionar el glande entre el pulgar y el índice (el pulgar colocado en el freno) durante 2 o 3 segundos para detener el reflejo de eyaculación.

•        Estos "ejercicios" deben repetirse varias veces para poder durar veinte minutos sin eyacular. Poco a poco, permitirán un mejor control de la eyaculación.


## Tratamientos médicos para la eyaculación precoz

Las recientes recomendaciones de la Sociedad Internacional de Medicina Sexual abogan por una atención combinada:

•        Tratamiento farmacológico;
•        Intervención psicosexual.
•        Tratamiento farmacológico de la eyaculación precoz

La llegada al mercado europeo en 2013 del primer fármaco destinado a tratar específicamente la eyaculación precoz, la dapoxetina, cambió el manejo de este trastorno.

La dapoxetina pertenece a la clase de inhibidores selectivos de la recaptación de serotonina (ISRS). Se comercializa con el nombre de Priligy® para el tratamiento de la eyaculación precoz en hombres de 18 a 64 años, en más de 26 países.

La dapoxetina no se considera un antidepresivo porque el organismo la elimina muy rápidamente: ya no queda ningún rastro de la droga en la sangre veinte horas después de tomarla. Por lo tanto, actúa rápidamente (una o dos horas después de la toma). Permite, según estudios clínicos, multiplicar por aproximadamente 3 el tiempo entre la penetración y la eyaculación, tras un periodo de tratamiento de 12 semanas. Tenga en cuenta, sin embargo, que tomar una tableta de placebo también hizo posible, según estos ensayos, aumentar este tiempo, por lo que el factor psicológico es fundamental. La dapoxetina existe en dos dosis (30 y 60 mg), en forma de tableta para tomar a demanda, de 1 a 3 horas antes de la actividad sexual. El tratamiento se entrega por prescripción médica y no está cubierto por el seguro médico. Los efectos secundarios más comunes son náuseas, dolor de cabeza, diarrea y mareos.

Los ISRS distintos de la dapoxetina (paroxetina, clomipramina, sertralina y fluoxetina en particular) son todos relativamente efectivos contra la eyaculación precoz. Finalmente, otras moléculas, como los inhibidores de la fosfodiesterasa 5 (IPDE5), utilizados en el tratamiento de la disfunción eréctil, pueden tener cierta eficacia en el tratamiento de la eyaculación precoz.

## Tratamiento local de la eyaculación precoz

Ampliamente utilizado, además de las autorizaciones de prescripción oficiales, la aplicación de un anestésico local en el glande puede retrasar la eyaculación "adormeciendo" el pene.

Los productos utilizados son generalmente a base de 
lidocaína, en gel o spray. Para evitar adormecer a la 
pareja, el anestésico se puede aplicar durante unos 
veinte minutos y luego lavar con agua antes del coito. 
Un spray que combina lidocaína y prilocaína, para 
aplicar 5 minutos antes de la relación sexual, ha 
demostrado una buena eficacia para retrasar la 
eyaculación.

## Atención psicosexual

También se recomienda el seguimiento en terapia 
sexual o psicoterapia, especialmente cuando las 
consecuencias psicológicas de la eyaculación precoz 
son importantes, cuando existe una fuerte ansiedad de 
rendimiento o un problema de pareja.

Algunas asociaciones de urología recomiendan una 
terapia conductual que consiste en practicar una 
actividad sexual interrumpida voluntariamente, "antes 
de que se produzca la angustia de resultado". Después 
de varias semanas, se vuelve más fácil sentir la llegada 
a un punto de no retorno antes de la eyaculación, lo 
que permite un mejor control. Sin embargo, la 
efectividad de estas medidas es impredecible.

Ciertos enfoques complementarios, en particular a 
base de clavo, pueden permitir tratar la eyaculación 
precoz de forma natural.

Dos estudios evaluaron la eficacia de una crema (SS-
cream) a base de productos naturales para tratar la 
eyaculación precoz en un total de 150 pacientes.

Aplicada en la punta del pene una hora antes del coito, 
esta crema aumentaba la duración del coito y la

satisfacción de los participantes, a costa de una ligera sensación de ardor en algunos casos.

Esta crema contiene, entre otras cosas, extractos de clavo, raíz de ginseng, canela y raíz de angélica.

# Capítulo 6
# Masturbación

**Los beneficios para la salud de la masturbación**

La masturbación se practica en casi todos los grupos de edad, desde jóvenes hasta ancianos. Una encuesta encontró que aproximadamente el 60 por ciento de los adultos se masturban de 1 a 10 veces al mes. Otro 26 por ciento 11 a más de 30 veces. Los hombres con más frecuencia que las mujeres.

Alguna vez se dijo que la masturbación podía tener malas consecuencias, como causar granos o ceguera. Afortunadamente, esos tiempos han terminado. Ahora sabemos que la masturbación es muy saludable, tanto para hombres como para mujeres:

La masturbación alivia el estrés, levanta el ánimo y te hace feliz, alivia el dolor de cabeza, tiene un efecto relajante y puede aliviar los cólicos menstruales, se duerme mejor, previene infecciones de la vejiga e incontinencia urinaria, mejora el sexo con la pareja y contrarresta las enfermedades de la próstata.

La masturbación es un componente excelente en cualquier manejo del estrés y puede describirse como un muy buen método de relajación. Al masturbarse, el centro de recompensa se activa en el cerebro y se forma la sustancia mensajera correspondiente, la dopamina. También se libera serotonina, la hormona de la felicidad. Juntos, los dos tejidos aseguran buenas sensaciones y el mejor ambiente. Las preocupaciones, los miedos e incluso el dolor pasan cada vez más a un segundo plano.

Las endorfinas y la hormona oxitocina también se liberan durante el orgasmo. Esta última también se conoce como la hormona del abrazo o del vínculo porque desencadena fuertes sentimientos de conexión (incluso con uno mismo), confianza y alegría. Al mismo tiempo, la hormona reduce los niveles de la hormona del estrés (cortisol).

Las personas que se estresan con facilidad suelen ser muy autocríticas y suelen tener baja autoestima. La masturbación regular puede ayudarte a apreciarte y amarte más.

Un estudio encontró que las mujeres que se masturban hasta el orgasmo tienen una mayor autoestima e incluso una mayor satisfacción sexual en general.

## Masturbarse puede aliviar el dolor

El dolor puede ser extremadamente angustiante, especialmente el dolor crónico. Al masturbarse o tener un orgasmo, además de las sustancias felices dopamina y serotonina, también se liberan endorfinas (los opioides propios del cuerpo), que tienen un efecto analgésico. Se unen a los receptores de opiáceos en el cerebro y, por lo tanto, cambian la percepción del dolor.

Son las mismas endorfinas las que te hacen extremadamente feliz después de las actividades deportivas intensas y pueden conducir a lo que se conoce como el subidón del corredor en los corredores: una sensación de euforia después de carreras intensas largas o cortas. Sientes que flotas, quieres correr cada vez más y solo al llegar a casa te das cuenta de que tienes los pies llenos de ampollas que, gracias a las endorfinas, no se notaron durante la carrera.

La masturbación regular parece ser la forma más fácil de aumentar un poco los niveles de endorfinas y así tomar un descanso de todas las preocupaciones.

## Masturbarse para el dolor menstrual

Las propiedades analgésicas de un orgasmo también pueden ser muy buenas para relajar los espasmos y así mejorar el dolor menstrual, pero también los dolores de cabeza en algunos casos. Así que antes de recurrir a analgésicos para quejas de este tipo, ponte cómodo -si estás en casa- y consiéntete con un orgasmo.

Por supuesto, el orgasmo no tiene que ser hecho por uno mismo. Puedes invitar a tu pareja a hacerlo en cualquier momento. Así que no importa cómo se produzca el orgasmo, ya sea a través de la masturbación o con una pareja, lo principal es que se produzca.

Durante el orgasmo, los músculos uterinos se contraen, el flujo sanguíneo mejora y las endorfinas que alivian el dolor brindan relajación y euforia, todo lo cual alivia esos molestos cólicos menstruales.

## Masturbarse en lugar de pastillas para el dolor de cabeza

En un estudio de 2013, el 60 % de las personas encuestadas que sufrían de migrañas informaron que dicho malestar disminuyó significativamente o desapareció por completo cuando tenían un orgasmo al mismo tiempo. La actividad sexual hizo que el dolor de cabeza disminuyera en un 33 por ciento.

Los hombres en particular reportaron usar la actividad sexual terapéuticamente para los dolores de cabeza. Entonces aquí es importante proceder individualmente y hacer lo que es bueno para el caso individual.

## La masturbación puede ayudar con el insomnio

La masturbación aumenta el nivel de hormonas relajantes (oxitocina y prolactina) y, por lo tanto, puede ayudar a conciliar el sueño muy bien por la noche, como Barmerersatzkasse, una de las compañías de seguros de salud más grandes de Alemania, sugirió a sus asegurados en Facebook a finales de julio de 2019. Si tienes insomnio, simplemente debes echar una mano tú mismo, luego el sueño llegará solo.

Presuntamente, se hizo referencia a los resultados de un estudio de marzo de 2019, que confirmó lo que todos saben desde hace mucho tiempo por experiencia propia: el sexo antes de acostarse promueve la calidad del sueño y acorta el tiempo que se tarda en conciliarlo - independientemente de si tiene relaciones sexuales con la pareja o se masturba.

Investigadores de la Universidad Central de Queensland de Australia escribieron que la actividad sexual justo antes de acostarse debería recomendarse como una nueva estrategia para promover el sueño.

## Masturbándose e infecciones de la vejiga

La masturbación regular también debería proteger contra la incontinencia urinaria y las infecciones de la vejiga. Entrenar los músculos del suelo pélvico en las mujeres, previenen la incontinencia urinaria y posiblemente también las infecciones de la vejiga.

Esta declaración fue publicada en 2013 por la investigadora estadounidense Cooper y su colega Santella, pero aún no puede ser respaldada por estudios.

## Masturbación en la prostatitis abacteriana

La prostatitis no bacteriana es la inflamación de la próstata sin afectación bacteriana. No se sabe la causa y tampoco está seguro de si la próstata es el problema o más bien una irritación de los nervios o un problema de la vejiga. Por lo tanto, a menudo se lo denomina simplemente síndrome de dolor pélvico crónico, ya que se acompaña de dolor o sensación de presión en el abdomen y sangre en la orina, disminución de la libido y disfunción eréctil.

Esto último no es de extrañar, ya que las cyaculaciones en el síndrome de dolor pélvico crónico se asocian con dolor.

Sin embargo, un estudio turco de 1999 examinó cómo la frecuencia de la eyaculación afecta la enfermedad. Los participantes fueron 28 hombres solteros con prostatitis no bacteriana. Anteriormente habían evitado masturbarse y también rechazaron el sexo extramatrimonial por una variedad de razones. La frecuencia de eyaculación fue correspondientemente baja.

Para el examen, ahora debían masturbarse regularmente al menos dos veces por semana durante seis meses. Solo 18 realmente siguieron la recomendación. 2 de ellos se volvieron completamente libres de síntomas, 6 reportaron mejoras significativas en sus síntomas, otros 6 reportaron mejoras moderadas y 4 pacientes no habían cambiado nada.

7 pacientes se habían masturbado con menos frecuencia de lo recomendado. Sin embargo, 3 experimentaron una mejora significativa. Por otro lado, a los 3 participantes que no habían eyaculado en absoluto, a excepción de la eyaculación nocturna, les fue peor.

Para la próstata y las enfermedades en el área pélvica, la masturbación es obviamente un remedio útil que definitivamente debes probar, también con respecto al cáncer de próstata, que posiblemente puede prevenir con la ayuda de eyaculaciones regulares.

## Masturbación y cáncer de próstata

Varios estudios en el pasado han analizado una posible conexión entre la masturbación o la frecuencia de la eyaculación y el cáncer de próstata. Por ejemplo, una revisión de 2016 revisó todos los estudios relevantes disponibles hasta esa fecha.

Encontró que, si bien los resultados no fueron consistentes, en 7 de 16 estudios, cuanto más hombres eyaculaban, ya sea a través de la masturbación, las relaciones sexuales o la eyaculación nocturna, el riesgo de cáncer de próstata disminuía.

Un pequeño estudio de 25 sujetos encontró que, dentro de las 24 horas posteriores a la eyaculación, el 65 por ciento de los participantes tuvo una fuerte caída en el PSA (un marcador de cáncer de próstata), un efecto que desapareció cuatro días después, lo que puede indicar que eyacular en menos una vez al día sería ideal.

El efecto protector de la eyaculación contra el cáncer se explica de la siguiente manera: Las eyaculaciones regulares evitan que se acumulen sustancias cancerígenas en la próstata. También se sospecha que las eyaculaciones más frecuentes conducen a la formación de niveles terapéuticos de ciertas sustancias que podrían proteger contra el cáncer.

La masturbación es, por lo tanto, un método práctico y gratuito para garantizar la eyaculación regular, incluso si no hay pareja cerca o si la pareja no tiene ganas todos los días.

## A veces mejor que el sexo con una pareja

En algunos casos, en realidad es mejor masturbarse. Cualquiera que sea infeliz en su relación, no experimente satisfacción sexual, se vea incitado a participar en prácticas sexuales que no le gustan en absoluto o incluso tenga miedo de un embarazo no deseado o enfermedades de transmisión sexual durante las relaciones sexuales con su pareja, ciertamente no disfrutará del sexo, no tener un orgasmo y tampoco disfrutar de los efectos relajantes descritos. Por el contrario, en estos casos el sexo es aún más estresante. La masturbación regular puede ser una solución curativa y equilibrante, además de la separación temprana de la pareja inadecuada.

## Gracias a la masturbación: mejor sexo con tu pareja

Pero incluso para las personas que viven en una relación feliz, la masturbación regular no es un tabú. Incluso se dice que tiene un efecto extremadamente positivo en el sexo con una pareja si la otra parte también se masturba sola de vez en cuando.

Es comprensible, ya que la masturbación significa que conoces mucho mejor tu cuerpo y sus reacciones y también sabes exactamente cómo puedes darte placer a ti mismo y, por supuesto, a tu pareja el mejor goce.

Por otro lado, aquellos que generalmente no se masturban a menudo esperan que su pareja sepa exactamente cómo tocar a su contraparte para brindarles sensaciones placenteras y orgasmos, lo que con demasiada frecuencia no tiene éxito.

Por ejemplo, un estudio de 2015 encontró que las mujeres casadas que se masturbaban regularmente experimentaban significativamente más orgasmos, tenían más deseo y una mayor autoestima, y eran más felices en su vida amorosa conyugal que las mujeres que no practicaban la masturbación.

"Tira los prejuicios junto a la cama; hoy tienes una oportunidad de demostrar que eres una mujer, además de una dama" – Joaquín Sabina

www.ingramcontent.com/pod-product-compliance
Lightning Source LLC
Chambersburg PA
CBHW050545160726
48003CB00002B/758